반상식의
대인심리학

HAN JOUSHIKI NO TAIJIN SHINRIGAKU by Aikawa Atsushi
Copyright ⓒ 2001 Aikawa Atsushi
All rights reserved.
Originally published in Japan by
JAPAN BROADCAST PUBLISHING CO., LTD., Tokyo.
Korean translation rights arranged with
JAPAN BROADCAST PUBLISHING CO., LTD.,
Japan through THE SAKAI AGENCY and SUN AGENCY.

이 책의 한국어판 저작권은 사카이 에이전시와 선에이전시를 통한 일본의 재팬 브로드캐트와의
독점계약으로 한국어판권을 한국산업훈련연구소가 소유합니다.
저작권법에 의하여 한국 내에서 보호받는 저작물이므로 무단 전재와 복제를 금합니다.

반상식의 대인심리학

아이카와 아쓰시(相川 充) 지음
조재현 감수 | 주혜란 번역

한국산업훈련연구소
Korea Industrial Training Institut

반상식의 대인심리학

초판 1쇄 인쇄_ 2004년 6월14일
초판 1쇄 발행_ 2004년 6월20일

지은이_ 아이카와 아쓰시
감　수_ 조재현
번　역_ 주혜란
펴낸이_ 박경일
펴낸곳_ 한국산업훈련연구소
마케팅_ 변영권
편집디자인_ 프리스타일

등록_ 제1-256호(1978. 6.24)
주소_ (130-812)서울시 동대문구 신설동 104-30
전화_ 02-2234-4174~5 팩스_ 02-2234-6070
이메일_ kiti@chol.com

ISBN 89-7019-154-2

값 9,000원

들어가는 말

상사와 부하, 동료, 아내와 남편, 연인과 친구, 부모와 자식 등등…….
당신은 다양한 사람들에게 둘러싸여 살아가고 있다. 그리고 그 사람들의 심리를 때로는 아주 필사적으로, 또 어떤 때는 자기도 잘 느끼지 못하는 사이에 자연스럽게 간파하기도 한다.
그러나 과연 당신이 읽어 낸 심리가 잘 들어맞는 편인가?
당신이 상대방의 심리를 간파해 내는 능력은 지금까지의 인간 관계를 통해 얻게 된 상식과도 관련 있다. 예를 들면 '다른 사람이 얘기할 때는 입 다물고 가만히 듣고 있어야 한다' '변명은 하지 않느니만 못하다' '남에게 뭘 부탁할 때에는 그저 나 죽었다 하고 납작 엎드려 빈다' 등등.
이렇게 볼 때 상식은 정말 편리한 것이다. 상식만 갖추고 있으면 일단은 무난하게 지낼 수 있기 때문이다. 따라서 상식은 많으면 많을수록 좋다고 하겠다. 그러나 당신의 짐작이 맞지 않는다면 당신 상식에 문제가 있을지도 모른다.
상식에 사로잡혀 다른 사람이나 자기를 바라보는 눈이 잘못되지는 않았을까. 상식적인 상념이 다른 사람과의 관계를 불편하게 하거나 하찮은 것으로 여기게 하는 것은 아닐까.

사람이 타인과의 관계에서 느끼는 감정, 생각, 행동방식 등에 대해 연구하는 것이 대인 심리학이다. 인간 관계에 관한 학문이라고도 할 수 있겠다. 대인 심리학 연구자는 실험이나 조사를 통해 데이터를 얻고, 그것을 분석하여 인간 관계에 관한 법칙성을 찾아내고자 노력한다.

이 대인 심리학의 입장에서 보면 '상식'은 생각과는 달리 잘 통하지 않는다는 것이 상식이다. 앞에서 언급했던 상식의 예는 대인 심리학의 입장에서 보면 '다른 사람의 얘기는 떠들면서 들어라' '알맹이가 없는 변명이라도 하는 것이 좋다' '다른 사람에게 뭔가 부탁할 때에는 먼저 거절하게 하라'는 식이다.

이처럼 상식과는 약간 다른 견해를 이 책에서는 반상식이라고 부르겠다. 반상식은 비상식과는 다르다. 비상식은 무지해서 상식이 없는 상태를 말한다.

하지만 반상식은 상식을 알고 있으면서도 그 상식에 대해 끊임없이 자문하고, 그 의미에 대해 다시 생각하는 자세를 말한다. 반상식적인 사람은 과학적인 지식에 근거하여 상식과는 다른 눈으로 사물을 바라본다. 다른 사람이나 자기 자신을 다른 각도로 바라보며 상식과는 다른 행동을 하는 경우도 있다. 상식에 따라 움직일 때에도 그 상식의 기능을 잘 이해하는 편이며, 당연히 인간 관계를 바라보는 눈도 예리하다.

반상식이 익숙해지면 지금까지 힘들었던 인간 관계가 보다 재미있게 느껴질지도 모르겠다. 지금까지 악연으로 느껴지던 사람과의 인간 관계가 사실은 정말 소중한 관계였음을 깨닫게 될지도 모른다.

이 책을 통해 조금이나마 반상식을 이해함으로써 사람과의 인간 관계를 간파하는 힘이 커지기를 바란다. 이 책에서는 사람과의 만남에서 헤어짐에 이르는 일련의 흐름에 따라 장을 구성했으며, 반상식적인 관점이 뚜렷한 주제를 중심으로 선별했다. 상식적인 주제를 다룬 경우는 왜 그 상식이 인간 관계에 있어 효율적인지를 설명했다.

그 설명이나 해석은 진화론적인 측면을 채용하고 있는 진화 심리학, 코스트와 보수로써 인간 관계를 논하는 교환 심리, 타인의 호의나 행동의 법칙성을 중요시하는 행동론 등에 근거하고 있다. 이 모든 학설들은 인간 관계를 냉철하게 분석하고, 비중 있는 인간 관계의 의외적인 측면을 잘 가르쳐 주고 있다. 또 각 주제의 내용을 뒷받침하는 조사 데이터나 실험 예를 가능한 많이 소개하려고 노력했다. 대인 심리학에서의 조사나 실험을 재미있게 읽어 주기 바란다. 반상식이 당신의 새로운 상식이 되어 다른 사람과의 관계가 즐겁고 편안해지기를 바라는 마음이다.

차 례

들어가는 말 _5

제1장 사람을 본다

보고 싶은 대로 사람을 본다 _16
정보 도착 순서에 따라 다르다/정보 꾸러미=함정/
함정은 계속 변형된다/함정은 잘못된 정보를 만들어 낸다

색안경을 끼고 본다 _20
아버지가 두 사람?/직업이나 직함으로 사람을 본다/
편견에서 벗어날 수 있을까

혈액형과 성격의 관계 _25
비상식적인 질문/믿는 것을 기억한다/말하지 말라, 묻지 말라

친해지는 계기 _29
거리가 가깝다는 것/비슷한 사람끼리/배후에 있는 공통 심리

제2장 사람을 매료시킨다

마음의 문을 여는 방법 _36
외로움을 느낄 때/자신에 대해 깊은 이야기를 나누어라/
마음을 열면 친해질 수 있다

사람을 매료시키는 얼굴 _41
얼굴이 말하는 것/선호하는 얼굴의 조건/
우리가 좋아하는 얼굴이 의미하는 것

안경과 화장으로 매력도를 높인다 _45
안경으로 인상이 바뀐다?/진한 화장으로 인상이 바뀐다/
화장으로 내면도 바뀐다

제3장 이성에게 이끌리다

미남 미녀를 좋아하는 이유 _52
미남 미녀를 좋아한다/잘생긴 사람은 좋은 사람이다/
자신의 가치를 높이기 위해

남자가 끌리는 여성의 체형 _57
지나치게 마른 이상주의자/남성이 좋아하는 여성의 체형/진화론적 해석

여자가 남자를 선택할 때 _62
진화 심리학의 탄생/여성과 남성이 다른 찬스의 수/
여성이 남성을 선택하는 기준

남자가 여자를 선택할 때 _66
젊음에 대한 갈망/여성의 아름다움은 번식력/진화론은 사실일까

제4장 남의 얘기를 듣는다

듣는 것은 주는 것 _72
상대가 기뻐하는 것?/상대를 컨트롤할 수 있다/
들어주기 위한 마음가짐

신체적인 반응을 보이며 들어준다 _77
단순히 듣기만 하면 안 된다/신체를 이용하여 들어준다/
고독한 사람은 들어주지 않는다

말하면서 들어준다 _82
이야기를 반사시킨다/정리한 다음 질문한다/
말해도 괜찮지만 의견은 말하지 않는다

제5장 타인에게 뭔가를 부탁한다

부탁하여 상대방을 올려 준다 _88
부탁할 때에는 이유를 댄다/부탁받는 것을 좋아한다/
은혜를 빨리 갚는 것은 배은망덕?

부탁은 두 단계로 한다 _93
선한 사람의 체험담/작은 것에서 큰 것으로/자기 이미지를 바꾼다

거절당한 다음 부탁한다 _97
일부러 거절당한다/마음의 부채를 줄이고 싶어한다/
만족하여 책임감까지 느낀다

제6장 다른 사람을 설득한다

희소 가치를 높인다 _104
수량도 시간도 적다/많지 않기 때문에 갖고 싶어한다/
충분한 정보를 제공하지 않는다

신뢰도를 높여 설득한다 _108
불안하게 함으로써 설득한다/신뢰성을 높인다/
일부러 마이너스적인 측면도 말한다

설득하지 않는 척한다 _113
영업사원의 핸디캡/이익에 반하는 설득을 한다/주워듣는 효과

상대의 감정을 배려한다 _117
부메랑 효과/인간에게는 삐딱한 기질이 있다/
고압적인 말투를 고친다

제7장 상대의 의견에 따른다

상대에게 맞추는 경우도 있다 _124
집단 압력에 굴복할 것인가/집단에 동조한다/상대에게 맞춘다

다른 사람의 비위를 맞춘다 _129
아첨꾼 입문?/비위를 맞추는 방법/상대를 고른다/
아첨은 고도의 대인 스킬

권위에 복종한다 _133
전기 쇼크 실험/보통 사람들의 반응/권위에 저항할 수 있을까

제8장 다른 사람과 서로 돕는다

왜 남을 돕지 않을까 _138
많은 목격자가 있었는데/도시의 냉담한 방관자/
목격자들이 많았기 때문에

왜 남을 도울까 _143
결심하기까지/성격보다는 기분/원조의 동기

왜 도움을 요청하지 않을까 _148
도와주면 좋겠지만/도움을 청하는 이유/저울에 올려놓는다

서로 돕는 사람들 _153
인간 네트워크/유능한 사람의 네트워크/스트레스를 완화시킨다

제9장 타인과의 갈등에 대처한다

스트레스에 대처한다 _158
스트레스란 과연 뭘까/좋은 일도 스트레스/동물 실험이 말해주는 것

사람을 공격하는 이유 _162
욕구 불만이 공격을 낳는다/욕구 불만이 있어도 공격하지 않는다/
욕구 불만이 없어도 공격한다

타인과의 분쟁에 대처한다 _167
피하기보다 대처한다/화가 나 있는 동안에는 반응하지 않는다/
자신을 응시한다

제10장 자기 자신을 잘 지켜낸다

비난을 잘 이겨낸다 _174
침묵한다/반사시키고 나서 질문한다/일부는 인정한다

그럴 듯하게 변명한다 _179
변명의 기본형/자기 핸디캡을 선언한다/누구를 위한 변명인가

자기 생각을 잘 전달한다 _184
애더션이라는 생각/애더션 화법/주장만 하면 안 된다

제11장 대인 감정을 파악한다

감성 지능(EQ)이 중요한 이유 _190
감성은 이성을 마비시킨다/감성이 이성보다 나을 때/
감성과 이성의 통합

부끄러움의 역할 _195
언제 부끄러울까/부끄러울 때의 표정/왜 부끄러워할까

왜 질투할까 _199
질투의 작용/질투에 있어서 남녀 차/남녀 차의 이유

제12장 친밀한 관계가 끝나다

연애 관계가 끝났을 때 _206
헤어지는 연인들/이별의 '경제적인' 원인/헤어진 뒤의 반응

혼인 관계가 끝났을 때 _211
이혼은 실패가 아니다/이혼이 성립하기까지/
이혼이 남기는 마음의 상처

죽음이 두 사람을 갈라놓았을 때 _216
사별의 충격/회고하며 다시 해석한다/남에게 털어놓는다

역자후기 _221

제1장

사람을 본다

보고 싶은 대로 사람을 본다

정보 도착 순서에 따라 다르다

본 적도 없는 사람에 대한 소문을 듣는 경우가 있다. 얼굴도 모르고 앞으로 만날 일도 없을지 모르지만 단편적인 소문으로 그 '아직 보지도 못한 사람'을 연상해야 할 때가 많다.

예를 들면 본 적도 없는 '김정수'라는 사람에 대한 소문을 들었다고 하자. '김정수'에 관한 다음과 같은 단편적인 정보를 찬찬히 읽은 다음 머릿속으로 '김정수'라는 인물을 떠올리기 바란다.

'김정수는 지적이고 성실하며 비판력이 뛰어나다. 또 충동적이고 완고하며 질투심이 강하다.'

당신의 머릿속에 '김정수'는 어떤 인물로 연상될까.

이어서 마찬가지로 지금까지 본 적도 없는 '박정희'에 관한 정보를 열거함으로써 어떤 인물일지 연상하기 바란다.

'박정희는 질투심이 강하고 완고하며 충동적이다. 또 비판력이 뛰어나며 성실하고 지적이다.'

그러면 당신의 머릿속에는 어떤 김정수의 상이 만들어졌을까. 박정희와는 다른 인물상이 만들어지지는 않았는가. 그리고 '김정수'는 당신 머릿속에서 여성일까, 남성일까? 이미 알고 있겠지만 김정수와 박정희에 관한 정보는 모두 같은 것들이다. 단지 순서만 거꾸로 되어 있을 뿐이다. 이 정도의 차이에도 불구하고 당신 머릿속에는 전혀 다른 인물상이 그려져 있을 것이다.

이처럼 단편적인 정보로도 우리는 어느 인물에 대한 구체적인 이미지를 갖게 되는데, 그것이 본인의 실체와 얼마나 합치되는지는 잘 모른다. 그 증거로 같은 정보 내용이라 하더라도 그것이 어떤 순서로 도착했는가에 따라 우리는 서로 다른 인물상을 그리게 되는 것이다.

정보 꾸러미 = 함정

실험에 따르면 '김정수'에 관한 정보의 순서는 '유능하여 세상에서 성공을 거둔 인물'이라는 인상을 갖기 쉽고, '박정희'에 관한 순서는 '마음이 좁아 사귀기 어려운 인물'이라는 인상을 갖기 쉽다. 이것은 '김정수'의 경우, 지적이라는 정보가 가장 먼저 온 것에 비해 '박정희'의 경우는 질투심이 강하다는 정보가 가장 먼저 들어온 것에 원인이 있다.

어떤 인물에 관한 최초의 정보는 우리의 주의를 강하게 환기시켜 그 인물을 이루는 인상의 핵을 이룬다. 그 핵의 중심에 그 다음부터의 정보는 차곡차곡 쌓이면서 눈사람처럼 '정보의 꾸러미'가 머릿속에 만들어지게 된다.

이렇게 완성된 정보 꾸러미를 최근의 대인 심리학에서는 '함정'이라고 부른다. '김정수'에 관한 정보 꾸러미는 '김정수 함정'이며, '박정희'에 관한 정보 꾸러미는 '박정희 함정'이다. 우리의 머릿속에는 여러 인물에 대해 이 같은 무수한 함정들이 존재한다.

이 함정이 일단 머릿속에 만들어지면 나중에 들어오는 정보에 대해 일종의 틀로서의 역할을 하게 된다. 즉 함정은 함정과 모순되지 않는 정보라면 그대로 받아들여져 함정 자체를 보강하는 재료가 되는데, 모순되는 정보는 모순되지 않는 방향으로 틀거나 과소 평가, 경우에 따라서는 무시되기도 한다.

예를 들면 지적인 인상을 중핵으로 하는 '김정수 함정'은 성실하다는 정보라면 순순히 받아들여진다. 하지만 흐리멍덩하다는 정보가 들어오면, 깐깐하지 않다는 등의 어느 정도는 긍정적인 의미로 기울던지 중요한 문제가 아닌 것으로 과소 평가되기도 하며, 그것도 아니면 듣지 못한 것으로 치부되고 만다.

함정은 계속 변형된다

이처럼 함정은 새로운 정보를 받아들일 때마다 일정한 틀로서의 역할을 하는데, 그 형태는 고정된 것이 아니다. 정보의 종류나 강도에 따라서는 함정 자체가 변형되어 그 때까지의 함정과는 다른 것으로 변한다. 함정은 정보를 받아들이면서 끊임없이 변화와 변용을 거듭하고 있다.

예를 들면 '김정수는 지적이다'라는 정보를 중심으로 한 '김정수 함정'이 만들어져 있다 하더라도, 그 후 김정수가 직설적이며 난폭하다는 것을 알게 되면 '김정수 함정'은 변형된다. 변형된 함정에 따라 그 때까지의 정보는 다시 평가되고 다른 모양으로 개편된다. 변형된 함정은 그 이후의 정보에 대하여 다시 판단의 틀로 작용하게 된다.

함정은 잘못된 정보를 만들어 낸다

함정은 실제로는 존재하지 않는 정보를 제멋대로 만들어 내는 작용을 하기도 한다.

'김정수는 지적인 사람이니까 만화 같은 것은 보지 않을 거야.'라는 식으로, 그런 사실은 그 어디에도 없지만 함정은 제멋대로 잘못된 정보를 덧붙인다. 그 결과 실제와는 다른 김정수가 머릿속에 떠오르게 되는 것이다.

함정이 인간 관계에 생각지도 않았던 행운이나 불행을 가져다주는 원인이 여기에 있다. '지적인 김정수'라는 생각에 사로잡혀 있다가, 실제의 김정수와 대면한 다음에는 실망하거나 필요 이상으로 어렵게 생각하면서 만나게 된다. 거꾸로 자기 안의 '김정수 함정'과 비교했을 때, 실제의 김정수가 생각했던 것보다 훨씬 더 낫다고 느끼는 경우도 있을 것이다.

이성으로부터 약간의 호의를 받았을 뿐인데, 그 이성에 대해 호의적인 해석을 여기저기에 갖다 붙이는 행위도 함정의 작용 때문이다. 함정의 작용으로 머릿속에는 실제의 이성과는 전혀 다른 멋있는 연인이 만들어진다. 그렇기 때문에 사랑도 이루어지는 것이다.

어찌 됐든 우리는 눈앞에 있는 사람을 있는 그대로 보고 있는 것이 아니다. 머릿속의 함정을 이용하여 자기가 보고 싶은 것만 보고 있을 뿐이다.

색안경을 끼고 본다

아버지가 두 사람(?)

먼저 소설 하나를 소개하겠다.

어느 청명한 날의 일이었다. 아버지가 자기 아들을 차에 태우고 콧노래를 부르며 드라이브를 즐기고 있었다. 사거리로 들어서는 순간, 신호를 무시하고 달리던 대형 트럭이 오른쪽에서 돌진해 들어왔다. 아버지는 현장에서 즉사했고 아들은 엄청난 중상을 입고 구급차로 병원에 후송되었다.

병원에서는 실력이 뛰어난 외과의사가 당장 호출되었다. 그 외과의사는 수술용 마스크와 장갑을 끼고 기세 등등하게 수술실로 들어갔다. 그리고 그 남자아이의 얼굴을 보는 순간 얼굴이 새파랗게 질린 채 소리를 질러 댔다.

"아니, 얘는 우리 아들이잖아……!"

교통사고를 계기로 두 번째 아버지가 나타났구나, 라고 생각했다면 당신은 사람을 볼 때 고정적인 '직업 함정'에 빠져 있는 것이다.

강의할 때 이 소설을 인용했는데, 어느 학생이 '교통사고로 돌아가신 것은 양아버지이고 의사가 진짜 아버지' 라고 대답했지만 아버지는 어디까지나 한 사람이다.

답을 말하기 전에 '직업 함정'에 대해 설명하겠다.

세상에는 굉장히 많은 직업이 있는데 우리는 각각의 직업에 대해 일정한 지식이나 이미지를 가지고 있다. 예를 들면 내 직업은 대학 교수인데, 교수라는 말을 들으면 '성실, 고지식, 완고' 등의 성격적 용어를 떠올리는 사람이 있는가 하면, 권위를 내세운다, 고상한 척 하는 말투를 사용한다는 구체적인 행동을 떠올리는 사람도 있다. 그 어느 쪽이든 모두 자기가 초등학교 시절부터 보아 왔던 선생님들과의 관계에서, 혹은 텔레비전이나 소설 등에서 교사에 대한 정보를 얻어 왔으며, 그에 따른 정보 보따리를 머릿속에 축적시켜 두었던 것이다. 이 정보 보따리가 교사라는 직업에 대한 함정이다.

우리의 뇌리 속에는 여러 직업에 대한 함정이 존재하는 것이 사실이다.

직업이나 직함으로 사람을 본다

우리는 직업 함정을 이용하여 사람들을 효율적으로 판단한다. 예를 들면 눈앞에 있는 '김정수 씨'가 자동차 세일즈를 하고 있다고 하자. 세일즈맨에 관한 함정을 이용하여 대강 어떤 일일지 상상하면서 그 직업을 가진 사람들의 성격까지 추측한다.

하지만 직업 함정은 어디까지나 그 직업에 관한 일반적이고 평균적이며 전형적인 정보 꾸러미들일 뿐, 눈앞에 실재하는 개인의 정보는 아니다. 그럼에도 불구하고 우리는 너무나도 금방 '세일즈맨 김정수'라는 선입견을 가지고 대하면서 아무렇지도 않게 잘못된 삼단논법을 펼쳐 놓고 만다. '세일즈맨은 명랑 쾌활. 김정수 씨는 세일즈맨. 따라서 김정수 씨는 명랑 쾌활.' 이렇게 해서 김정수 씨를 잘 알고 있는 것처럼 착각하면서 김정수 씨를 일반적인 세일즈맨으로 몰아가고 만다.

상대가 속해 있는 회사나 조직, 직함을 가지고도 이 같은 과오를 저지르기 쉽다. '회사 이름이나 직함으로 사람을 판단하지 말라' 라는 교훈을 자주 듣는 것도 우리가 이 같은 판단을 자주 내리기 때문이다. 특히 우리 사회는 '명함 사회' 이다. 전화로 자기에 대해 얘기할 때나 명함을 교환할 때에도 가장 먼저 회사 이름이나 조직, 직함을 말하고 자기 이름은 제일 나중에 댄다.

잘 아는 사람 중에 음악대학교 교수가 있다. 그가 명함을 내밀면 "그럼 악기는 뭘 다루시죠? 피아노인가요?"라고 묻는 사람들이 많다고 한다. 그는 초·중학교에서 배웠던 피리도 잘 불지 못하는 사람이다. 심리학 교수로 재직중인 것이다.

그럼 지금까지의 설명을 읽었다면 초두에 언급했던 소설의 수수께끼는 풀리지 않았을까.

사실 그 의사는 남자아이의 엄마였던 것이다. 이 소설은 성 역할을 연구하던 S. A 베이소가 자기 책에서 소개한 것인데, '의사는 남자', 더 나아가 '실력이 뛰어나고 유명한 외과의사라면 남성' 이라는 직업 함정에 빠지게 되면, 아버지가 둘이나 되는 것처럼 들릴 수도 있다.

편견에서 벗어날 수 있을까

'여성은 수리 계통에 약하다' 'OO교는 무서운 종교 집단' 'OO

인은 공격적이다' 등등.

　아무 생각 없이 이런 말을 할 때가 있는데, 조금만 더 생각해 보면 남성보다 수리 계통에 강한 여성도 상당히 많고, 무서운 사람들만 모여 있다면 종교 집단은 유지될 수 없을 것이다. 그런데도 이런 무책임한 말들이 난무하고 있다. 이것도 함정 때문이다.

　우리는 개인이나 직업에 대해서 뿐만 아니라 성별, 민족, 집단 등에 대한 함정도 뇌리에 심어 놓고 있다. 이 함정들로 인해 정보 내용의 합리적인 근거도 확인하지 않고 마이너스 방향으로 편중된 채 특정 집단의 성격 등을 판단하는 경우를 '편견'이라고 한다. 편견의 특징은 '싫다, 꺼림칙하다, 배척하다'라는 비논리적이며 부정적인 감정을 동반하는 점에 있다. 이 감정이 있기 때문에 편견이 일단 뇌리에 박히면 바뀌기 어렵다. 편견을 해소할 만한 정보가 나중에 들어온다 하더라도 그 정보를 과소 평가하거나 무시해 버린다. 오히려 편견을 강화시킬 만한 정보를 더 좋아라 받아들이려 한다.

　도덕이나 윤리적인 측면에서 편견을 갖지 말라고 부르짖지만, 심리학적인 관점에서 보면 말도 안 되는 생각이다. 우리는 자기와 타인을 구별하지 않으면 안 되는데, 이 자타를 구별하는 와중에 이미 편견의 싹이 싹트고 있기 때문이다.

　편견을 갖지 않는 것은 불가능하지만 편견에 의한 악영향은 줄일 수 있다. 우선은 자기 함정이 불충분하고 부정확하기 때문에 다른 사람이나 집단을 볼 때, 자기가 보고자 하는 것밖에 보지 못한다는 사실을 자각하는 것이 중요하다. 그 다음에는 편견을 가지고 있는 상대와 직접 접촉을 시도해 보는 것이다. ○○교도, ○○인이라는 것에는 신경 쓰지 말고 눈앞에 실재하는 사람, 즉 고유한 이름과 빛나는 개성을 지닌 인물과의 접촉과 교류를 즐긴다. 이 개인 차원의 접촉을 기회로 상대의 배경에 있는 문화나 사상 등에 대한 지식을 가능한 넓혀 가도록 노력한다.

이것이 쉬운 일은 아니지만 결국은 자기를 위한 길이기도 하다. 다양한 문화와 가치관이 혼재되어 있는 현대 사회에서, 편견을 가지고 있다는 사실은 자신의 가능성을 그만큼 축소시키는 것이나 마찬가지이기 때문이다.

혈액형과 성격의 관계

비상식적인 질문

강의가 끝난 후에 어느 여대생이 "흑인 남학생에게 혈액형을 물어보려고 하는데, 흑인들에게도 혈액형과 성격 사이에 어떤 상관 관계가 있나요?"라는 질문을 하여 기가 막힌 적이 있었다. 이 학생이 진지한 태도로 질문을 해 온 만큼 나의 충격도 컸다. 나는 상당히 단호한 어조로 다음의 3가지 사항을 전달했다.

첫째, 혈액형은 생리적인 측면에 관한 개인 정보이자 프라이버시에 속하는 내용이다. 그런데 처음 대면하는 사람에게, 또 별로 친하지도 않은 사람에게 혈액형을 묻는 것은 상대의 수입, 지지하는 정당, 종교나 가치관, 사적인 생활이나 섹스에 대해 느닷없이 질문하는 것이나 마찬가지이다. 혈액형에 관한 우리의 '미신'에 대해 잘 모르는 유학생에게는 특히 가볍게 물을 만한 내용이 아니다. 아주 큰 실례를 범하는 것이다. 혈액형을 묻는다는 것은 상대의 프라이버시에 관한 질문이라는 것을 인식해야 한다.

두 번째, 혈액형과 성격 사이에는 그 어떤 과학적인 사실도 존재하지 않는다. 전국에서 무작위로 1만 명을 추출하여 조사한 결과를 기초로 양자의 관련을 검토한 연구에서도 일관된 상관 관계는 발견되지 않았다. 이 밖에도 관련이 없다는 것을 실증한 연구가 몇 가지 더 발표되었으며, 심리학회에서는 혈액형과 성격 사이에는 아무런 연관성도 없다는 것이 이미 정설로 되어 있다. 이처럼 과학적인 근거가 없는데도 관련이 있다고 믿는 것은 미신이다.

세 번째, '흑인들에게도 혈액형과 성격 사이에 어떤 상관 관계가 있는가?'라는 질문이 '우리 나라 사람들에게는 상관 관계가 있는데, 피부색이 다른 흑인은 어떨까?'라는 의미라면 흑인에 대한 편견 우려가 있다. 혈액형은 어느 인종이든 4종류가 있으며, 만약 정말 혈액형이라는 생리적 지표로 성격이 정해진다면 피부색, 태어난 나라, 자라 온 환경은 아무 상관도 없을 것이다.

한편으로는 혈액형으로 성격이 정해진다고 믿으면서도, 또 다른 한편으로는 그것이 흑인에게도 적용될까 의심하는 것은 미신과 편견에 따른 서글픈 착오일 뿐이다.

믿는 것을 기억한다

이 학생뿐 아니라 요즘 혈액형과 성격간에 어떤 상관 관계가 있다고 믿는 사람이 상당히 많다. 어느 정도는 의학적 근거가 있는 혈액형과 성격을 결부짓는 것 자체가 잘못이다. 별자리와 성격이라면 애초부터 유희의 개념으로 생각할 수 있지만, 온몸을 돌고 있는 혈액이라고 하면 성격을 규정하는 힘을 가진 것으로 생각할 수도 있다. 그 과학적인 장치가 교묘하다. 이 교묘함이야말로 이 미신이 끈질기게 살아남는 원동력일 텐데, 이러한 이유에도 불구하고 '혈액형 마니아'가 줄지 않는 것은 불가사의한 일이다. 줄지 않는 다른 이유가 있기 때문이다.

'마니아'에게 물어 보면 '정말 혈액형으로 성격을 알 수 있고, 거꾸로 성격으로 혈액형을 맞출 수도 있다'라고 자랑스럽게 얘기한다. 믿는 사람은 구체적으로 상관 관계가 있다고 생각한다.

그렇다면 왜 혈액형과 성격이 관련 있다고 생각하는 것일까. 다음의 실험이 그 해답의 실마리를 제공해 주었다.

실험 참가자는 모두 혈액형과 성격은 서로 상관 관계가 있다고 믿는 사람들이다. 그 사람들을 두 그룹으로 나누어 한쪽에는 'A형인 이영희 씨의 하루'라는 제목의 문장을 들려주었다. 거기에는 A형의 특징으로 거론되는 행동과 B형의 특징으로 언급되는 행동이 같은 수로 섞여 있었다. 문장을 들려준 다음 실험 참가자에게 '이영희 씨의 행동'을 가능한 많이 기억해서 쓰게 했더니 A형의 특징을 더 많이 기억해냈다.

다른 쪽 그룹에는 'B형인 이영희 씨의 하루'라고 말한 다음 똑같은 내용의 문장을 들려주었다. 마찬가지로 '이영희 씨의 행동'을 써서 내게 했더니 B형의 특징을 훨씬 많이 기억해 냈다.

말하지 말라, 묻지 말라

게다가 실험 참가자의 기억에 있어서의 오해를 분석하자 흥미로운 결과가 나왔다. 두 그룹 모두 들려준 문장에는 들어 있지도 않았던 행동을 써냈던 것이다. 더구나 '이영희 씨는 A형'이라고 들은 사람들은 들려주지도 않았던 A형의 특징을 써냈는가 하면, '이영희 씨는 B형'이라고 들은 사람들은 B형의 특징을 써서 냈던 것이다.

이 실험 결과로 보았을 때, 일단 어떤 사람의 혈액형을 알면 그 사람이 하는 말과 행동 중에서 그 혈액형의 이미지와 합치되는 것은 잘 기억하지만 이미지와 합치되지 않는 것은 잘 기억하지 못한다는 것을 알 수 있다. 이 혈액형의 이미지와 합치되는 특징을 스스로 만들어 내고, 그것을 기억한다는 사실도 알게 되었다.

이 같은 기억 작용이 있기 때문에 혈액형과 성격에는 연관성이 있다고 믿는 사람은 이것을 사실로 느끼는 것이며, 양자의 연관성을 부정할 만한 정보가 있더라도 자기 편한 대로 해석해 버리고 마는 것이다.

'혈액형 마니아'인 내 친구도 그랬다. 그에게 내 혈액형은 A형이라고 거짓말을 했다. 그러자 그는 나의 행동에서 뭔가 설명하기 어려운 것이 있으면 "역시 A형이어서 어쩔 수가 없군" 하며 자기 스스로를 위로했다. 1년 후 사실 나는 A형이 아니라고 털어놓았다. 이렇게 함으로써 그의 망언을 불식시킬 생각이었지만 그는 "그러면 그렇지, 나도 그럴 거라고 생각했네"라고 미안하다는 듯한 얼굴로 대답했다. 신념과 모순되는 사실을 들이대도 마니아들은 신념을 보호하는 차원에서 그 사물을 다시 해석할 뿐이다.

혈액형과 성격에 관한 미신으로부터 자기 자신을 지키고자 한다면 자기 혈액형을 다른 사람들에게 말하지 않는 것이 좋다. 또 혈액형으로 다른 사람들을 함부로 판단하지 않으려면 사람들에게 혈액형을 묻지 않아야 한다.

즉 혈액형은 말하지도, 묻지도 말아야 할 사항이다.

친해지는 계기

거리가 가깝다는 것

사람들과 친해지게 되는 계기는 도대체 뭘까.

앙케트 조사를 하면 응답자들은 '상대방과 대화가 잘 통해서' '취미나 관심이 같아서' '상대의 얼굴이 마음에 들어서' 등등 여러 가지를 적어 준다. 여러 가지가 적혀 있는데 그 중에는 언뜻 이해되지 않는 내용이 있다.

거리가 가깝다는 것이다. 이것은 너무 당연한 일이어서 의식하지 못하는지도 모른다. 그러나 물리적인 거리가 가깝다는 것은 다른 사람과 친해질 수 있는 중요한 수단이 된다.

이를 최초로 실증한 미국의 연구자는 기혼 학생들을 위한 아파트를 분석했다. 그래서 나도 학생 기숙사의 신입생들을 대상으로 조사해 본 적이 있다.

5월 말, 신입생들이 안정을 찾아갈 시점을 기해 기숙사생 한 명 한 명에 대한 친밀도를 물어 보았다. 얼굴도 본 적 없고 전혀 친하지 않은 사람에게는 0, 아주 친하게 지내는 사람에게는 5를 주도록 했다. 다음에는 신입생의 방문에서 각 기숙사생의 방문까지의 거리를 줄자로 쟀다. 복도뿐 아니라 계단까지 포함하여 센티미터 단위로 재는 것이었다. 이렇게 해서 얻은 거리를 그래프의 가로축으로 하고, 세로축은 친밀도를 나타내는 것으로 하여, 각 신입생의 응답 결과를 대응시켜 나갔다.

완성된 그래프를 보면 가로축과 세로축 사이에는 일정한 관계가 있음을 알 수 있었다. 거리가 가까울수록 친밀도가 컸던 것이다.

집이 가깝고, 학교에서 자리가 가깝고, 직장에서 책상이 가깝다, 이런 이유로 우리는 다른 사람들과 친해지는 것이다.

단, 거리가 영향을 미치는 것은 인간 관계의 초기 단계이다. 시간이 경과함에 따라 서로의 인간성이나 취미 같은 정보가 많아지면 거리의 효과는 그만큼 약해진다. 마찬가지로 이 기숙사에서의 조사도 10월 초의 재조사에서는 거리와 친밀도의 관계가 붕괴되고 있었다.

비슷한 사람끼리

옛날부터 유유상종이라는 말이 전해져 오는 것처럼 비슷한 사람끼리는 쉽게 친해진다. 단, 닮은 점은 얼굴이 아니라 태도를 말한다. 태도란 사물에 대한 기호나 취미, 관심 정도를 말한다.

비슷한 사람들끼리 친해지기 쉽다는 것을 실제로 증명한 실험이 있다.

먼저 복수의 응답자들에게 영화가 좋은 정도, 남녀 평등에 대한 찬성 여부, 프로야구를 텔레비전에서 관전하는 정도 등에 대한 답을 들었다. 다음에 이 회답을 근거로 가짜 응답표를 만든다. 예를 들어 어느 응답자가 영화가 아주 좋다고 대답했으면 아주 싫어한다에 O표를 하고, 남녀 평등에 찬성하면 반대에 O표를 했다. 이것이 응답자와의 유사도 0%의 응답표이다. 응답자의 답과 비슷한 정도를 조금씩 늘려 가, 응답자와 완전히 똑같은 유사도 100%의 응답표까지 준비한다.

이렇게 만든 응답표를 응답자에게 '다른 사람이 응답한 결과'라고 거짓말하며 보여 준다. 어떤 응답자에게는 유사도 0%의 응답표를 보여 주고, 어느 응답자에게는 100%의 응답표를 보여 주며 '이 사람을 얼마나 좋아할 수 있다고 생각하는가' '함께 일할 수 있다고 생각하는가' 등을 물어 보는 것이다.

이 결과를 가로축을 유사도, 세로축을 매력도로 한 그래프에 대응시키자 상대와 비슷한 정도가 커지면 상대에 대한 매력도도 상승하는 결과를 얻을 수 있었다.

하지만 상대와 비슷한 것이 성격인 경우는 태도만큼의 효력은 없었다. 성격의 경우는 오히려 상대와 닮지 않은 편이 더 친해지기 쉽다는 설도 있다. 자기에게 없는 점이나 부족한 점을 상대에게서 찾는 것이다. 약간 수선스러운 사람은 침착한 사람에게 끌리고 대충대충 넘어가는 사람은 완벽주의자를 부러워하며, 가학 성향의 사람은 피학 성향이 강한 사람에게 끌리는 것이다.

배후에 있는 공통 심리

친해지는 계기에 대하여 가까운 거리와 비슷한 태도를 들어 얘기했는데, 하나는 환경적인 요인, 또 하나는 인적 요인이었다. 이 두 가지 요인은 서로 연관성이 없는 것처럼 보이기도 하지만 이들의 배후에는 공통된 심리가 작용하고 있다. 그것은 적은 비용으로 큰 이익을 얻고자 하는 경제 효율적 심리이다.

거리가 가까우면 서로 빈번하게 얼굴을 마주하게 된다. 여러 번 얼굴을 대하다 보면 얘기를 하게 되고, 따라서 상대에 대한 정보량이 많아진다. 상대에 대한 정보량이 많아지면 친밀도가 높아지는 것은 당연하다 하겠다. 거리가 가까우면 상대와 직접 얼굴을 마주하는 데 시간과 노력이 많이 들지 않는다. 예를 들면 어떤 부탁을 하고자 할 때에도 금방 부탁할 수 있다. 다시 말해서 거리가 가까우면 적은 비용으로 일정한 이익을 얻을 수 있다는 말이 된다. 거꾸로 거리가 멀어지면 일정한 이익을 얻는 데 큰 비용을 지불해야만 한다. 원거리 연애가 성사되기 어려운 이유도 바로 여기에 있다.

그렇다면 태도가 비슷하면 왜 효율적일까.

태도가 비슷하면 상대의 행동이나 생각을 별 어려움 없이 예상할 수 있다. 또 크게 신경 쓰지 않아도 된다. 태도가 비슷하면 함께 뭔가를 도모할 때 얘기가 빨리 끝난다. 이것저것 설명하지 않아도 되기 때문이다. 다시 말해서 비용이 적게 들어도 된다는 말이다.

또 상대가 자기와 비슷한 취미나 관심을 가지고 있다는 사실을 알게 되면 기분이 좋아진다.

"당신도 전남 드래곤즈 팬? 와– 나도 그런데……."

자기편을 갖게 된 것 같은 기분에 상대와의 일체감이 생겨난다. 자신의 의지나 기호가 틀리지 않았다는 것을 증명 받은 듯한 기분 때문이다. 자존심을 높여 주고 자신감까지 불어넣어 준다. 이것은 큰 이익이다.

결국 태도가 비슷하다는 것은 상대와의 관계 유지에 비용이 들지 않고, 이로써 큰 이익을 얻을 수 있다는 것이다.

　우리는 '다른 사람과 친해지는 계기'에 대하여 정신적인 것만을 떠올리게 되지만, 그 배후에는 경제 효율을 의식한 계산이 작용하고 있음을 알 수 있다.

제2장

사람을 매료시킨다

마음의 문을 여는 방법

외로움을 느낄 때

꼭 가을이 아니더라도 갑자기 외로움이 밀려와 그 어떤 대화 상대가 간절할 때가 있다.

어느 날 밤 친구가 이런 말을 하며 전화를 한 적이 있는데 대인 심리학의 입장에서 보면 아무 이유 없이 갑자기 외로움을 느끼는 일은 없다. 그 나름대로의 이유가 있는 것이다.

'나는 혼자다' '아무도 나를 이해해 주지 않는다' 라는 생각을 할 때 우리는 외로움을 느낀다. 이 외로움을 대인 심리학에서는 고독감이라고 하며 '자기가 희망하는 인간 관계의 레벨과 실제 인간 관계의 레벨 사이에 차이가 있다고 느낄 때 생기는 감정' 으로 정의하고 있다.

이 정의는 고독감이 주관적이라는 사실을 잘 나타내고 있다. 예를 들면 실제의 인간 관계가 화려해 보여도 당사자가 원하는 레벨이 훨씬 위에 있다면 고독감을 느낀다. 거꾸로 인간 관계는 소탈해 보였어도 희망 레벨이 그 이하였다면 당사자는 고독하다고 느끼지 않는다.

이 정의에서 고독감이 커지는 데는 두 가지 경우가 있다고 한다. 희망 레벨이 올라갔던가, 아니면 현실 레벨이 내려간 것이다. 일상 생활에서 희망 레벨이 올라가는 경우는 거의 없는 것에 비해 현실 레벨이 내려가는 경우가 많다. 매일 계속되는 일상 생활 속에서 실제 인간 관계의 레벨이 낮아졌음을 느끼는 경우가 많기 때문이다.

그 상황이란 대개의 경우 자신감을 잃어버리는 것이다. 일이 잘 풀리지 않는다, 상사로부터 주의나 질책을 들었다, 누군가에게 배신을 당했다는 따위의 일들이다. 이 같은 사건들은 현상적으로는 다양하지만 모두 자신감의 상실을 초래한다는 점에서는 같다.

자신감을 잃었을 때, 우리는 그것을 회복시켜 줄 사람을 찾게 된다. 그런데 회복시켜 줄 사람을 찾지 못했다던가, 찾았다 하더라도 잘 회복되지 않을 때 결국 자신은 혼자이고, 현실적인 인간 관계의 야박함을 알게 되면서 더욱 외로움을 느끼는 것이다.

내 친구가 갑자기 외로움을 느꼈던 것도 요컨대 자신감을 잃는 상황을 맞았기 때문일 것이다.

자신에 대해 깊은 이야기를 나누어라

외로워지면 사람이 그리워지는 것은 상처 받은 자신을 위로해 주고 자신감을 회복하고 싶어하기 때문이다.

자신감을 효과적으로 회복하기 위해서는 자기에 대한 것을 상대에게 전하지 않으면 안 된다. 자기가 생각하고 있는 것, 느끼는 바를 얘기하지 않으면 위로 받을 수도 없고 회복 또한 불가능하다.

자기에 대한 속깊은 이야기를 하게 되면 가령 상대가 어드바이스를 해 주지 않아도 스트레스가 해소된다는 것이 데이터로도 확인되고 있다. 또 과거에 지녔던 마음의 상처를 누군가에게 이야기하는 것이 심신의 건강에도 바람직하다는 사실이 몇몇 실험에서 증명되었다.

어느 실험에서 마음의 상처에 대해 이야기하는 그룹과 이야기하지 않는 그룹으로 나누어 생리적인 지표를 비교했다. 마음의 상처에 대해 한창 이야기할 때에는 혈압, 심장 박동, 수족 발한(스트레스의 지표가 됨) 등이 올라가지만, 이야기가 끝나자 이야기하지 않았던 그룹에 비해 이 지표들이 실험 전보다 더 저하되었다. 다른 실험에서는 마음의 상처를 이야기했던 그룹의 면역 기능이 높아졌고, 6개월 후의 추적 조사에서는 신체 이상을 호소하거나 의료 기관의 이용 횟수가 줄어들었음을 알 수 있었다.

심신에 좋은 영향이 나타나는 이유는 대뇌 생리학적으로 설명할 수 있다. 불안, 고민과 같은 감정이나 심정은 우뇌가 처리한다. 언어는 좌뇌에서 처리된다. 다른 사람에게 털어놓기 전에는 좌우의 뇌가 각각 따로 작용한다. 이것을 뇌파계로 보면 좌우의 두뇌 활동에 정합성이 없는 상태로 나타난다. 하지만 누군가를 향해 이야기를 시작하면 좌우 두뇌 활동의 정합성이 올라간다. 우뇌가 관여하는 감정을 좌뇌가 관여하는 언어나 논리로 치환하는 과정에서 울적했던 감정이나 불안이 안정(카타르시스)된다. 이것은 혼란스러웠던 감정에 논리가 부여됨으로써 해결의 실마리가 보이는 이치이다.

마음을 열면 친해질 수 있다

대뇌 생리학적으로 말하면 자신의 체험, 감정, 사고를 말로 표현하는 것 자체가 심신에 영향을 미치는 것이다. 이것은 자신의 체험, 감정, 사고를 말로 표현하거나 종이에 써도 좋은 효과를 얻을 수 있다. 실제로 쓰는 것이 심신에 좋은 역할을 한다는 사실이 실험으로 증명되었다.

그러나 쓰기는 쉽게 되지 않는다. 말하는 것보다 지적인 작업이 요구되기 때문이다. 누구에게 보여 주지 않는 한 반응도 금방 돌아오지 않는다.

이에 비해 누군가에게 이야기하면 상대가 그런 식으로 느끼는 것은 당신뿐이 아니라고 공감해 주고, 당신 생각이 틀리지 않았다고 지지해 주며, 그러면 이렇게 하는 것이 좋겠다고 조언까지 해 준다. 누군가에게 들려주면 즉각적인 반응을 얻을 수 있다. 그뿐만이 아니다. 나에 대해 자세히 얘기해 주면 나에 대한 상대의 호감도까지 올라가는 일석이조의 효과까지 얻을 수 있다.

이를 증명한 실험에서 말하는 사람은 프라이버시에 관한 정도가 미리 저·중·고로 분류되어 있는 화제(예를 들면, 저-어제 본 TV 프로그램, 중-내가 좋아하는 것, 고-나의 심각한 고민)를 계속해서 다가오는 상대에게 들려주었다. 말하는 사람은 실험 협력자이기 때문에 말하는 사람이나 이야기 내용은 각 화제에서 항상 일정하도록 연기했다. 듣는 사람은 이야기를 들은 다음 말하는 사람의 매력도를 평가했다. 그 결과 프라이버시에 관한 이야기를 들은 사람일수록 말하는 사람에 대해 친해질 것 같다, 함께 일해도 좋겠다, 매력적인 사람이다, 라고 호의적인 평가를 내렸다.

프라이버시나 내면에 관한 이야기는 아무에게나 가볍게 할 수 있는 것이 아니다. 상대에 따라서는 거부되기도 하고 이쪽에 대한 공격 재료로 이용되기도 하며, 제3자에게 누설할 위험성도 있다. 말하는 사람이 그 위험을 감수하고 속깊은 얘기를 하게 되면 이야기의 내용과는 상관없이 당신을 믿고 있다는 메시지를 상대에게 전하는 것이나 마찬가지이다. 듣는 사람은 이 메시지를 받아들여 말하는 사람에 대해 호의적인 평가를 내리게 되는 것이다.

더 흥미로운 것은 듣는 사람은 자기가 이야기할 차례가 되면 상대의 레벨에 맞춰 이야기를 하는 현상이 일어난다. 상대가 겉도는 이야기를 하면 자기도 겉도는 이야기를, 상대가 속깊은 이야기를 하면 '실은 우리 딸에게도 이런 일이 있었다' 는 식의 프라이버시에 관한 이야기까지를 늘어놓는다.

외로움을 느낄 때 대화를 나누었던 상대가 친구이든 연인이든 만난 지 얼마 안 되는 사람이든 자기 이야기를 깊게 하면 깊게 할수록 상대와 친밀해질 수 있는 것이다.

다만 상대와의 심리적인 거리를 생각하지 않고 갑자기 깊은 이야기를 꺼내면 오히려 역효과를 낼 수도 있다. 조금씩 속깊은 얘기로 진행해 가는 것이 요령이다.

사람을 매료시키는 얼굴

얼굴이 말하는 것

어떤 인물을 떠올릴 때 제일 먼저 떠오르는 것은 그 사람의 얼굴이다. 시험적으로 오랫동안 만나지 않았던 누군가의 이름을 중얼거려 보면 좋다. 틀림없이 그 사람 얼굴이 먼저 떠오를 것이다.

극단적으로 말하면 얼굴은 그 사람 그 자체이다. 그래서 증명 사진이나 영정 사진에는 반드시 얼굴 사진을 사용한다. 몸만 찍혀 있는 증명 사진이나 손만 찍힌 영정 사진은 있을 수 없다. 얼굴이 그 사람의 모든 것을 말해 주기 때문이다.

그렇다면 어떤 얼굴 모양이 무엇을 말하는 것일까.

눈, 코, 입의 위치나 모양을 다양하게 변화시킨 용모도를 준비하여 응답자에게 그 얼굴의 인물을 평가하게 한 연구가 있다. 여기에 따르면 '흰 피부에 또렷한 눈매, 단정한 이목구비, 갸름한 얼굴'은 매력적이며 믿을 수 있고 다른 사람들과도 잘 지낼 수 있다는 평가를 받았는가 하면 '입이 크고 눈이 올라간' 얼굴은 사회에서 활발하게 활동하는 인물이라는 평가를 받았다.

여성의 얼굴 사진을 이용한 다른 연구에서, 큰 눈은 친밀감을 나타내고 쌍꺼풀은 섹시함과 화려함을 말하며, 눈이 올라간 모양새와 턱에 대한 입의 크기는 어른스러움을 나타냈다고 한다.

또 다른 연구에서는 눈의 중심에서 머리카락이 난 지점까지의 거리, 코의 면적, 입술의 두께 등 각 부위의 사이즈를 측정하여 얼굴을 미세하게 검토했다. 이에 따르면 '큰 눈, 작은 코, 작은 턱, 눈과 눈 사이의 간격이 긴 얼굴'은 유아적인 인상을 주고, '좁고 돌출된 광대뼈, 선명한 눈썹'을 가진 얼굴은 성숙한 인상을 준다고 한다.

이상의 연구 결과는 우리가 일상적으로 느끼던 것을 실증적으로 보여 준 것뿐이며, 그렇게 놀랄 만한 결과는 아니었다. 이에 비해 지나치게 심리학적이라고 생각되는 연구가 있다. 보는 사람의 성격에 따라 상대 얼굴의 평가가 다르다는 것을 실증한 연구이다.

사교성이 좋고 명랑하며 활달한 사람은 '갸름하고 이목구비가 단정하며 희고 눈매가 또렷한 얼굴'을 귀엽고 문제 해결 능력이 있는 인물로 평가했다. 그러나 차분하고 말이 없으며 이론적인 사람은 '통통하고 입이 작고 눈이 처진 얼굴'을 문제 해결 능력이 있다고 평가했다.

같은 얼굴이라도 보는 사람의 성격에 따라 전혀 다르게 해석되는 것이다.

선호되는 얼굴의 조건

컴퓨터가 발달한 덕분에 얼굴 사진을 여러 장 합성하거나 눈, 코, 입의 크기나 위치를 미묘하게 변화시킨 얼굴 사진을 쉽게 만들 수 있게 되었다. 그 사진을 이용하여 선호하는 얼굴의 조건을 찾는 연구가 실시되었다.

이에 따르면 여성의 경우는 '크고 윤곽이 분명한 눈, 청결하고 찰

랑거리며 머릿결이 좋고 그리 길지 않은 머리, 크지 않은 코, 작고 두텁지 않은 입술, 동그스름한 얼굴형, 상냥하고 밝은 표정'을 선호했다. 남성의 경우는 '다소 아래로 처진 듯한 큰 눈, 약간 두터운 입술, 높고 크지 않은 코, 두터운 귓불, 그리 길지 않은 머리, 약간 각진 듯한 얼굴형, 상냥하고 부드러운 표정'이었다. 이 결과는 당연하다고 여겨지는데 이 같은 기호는 시대와 함께 변해 왔다.

여성의 얼굴에 대한 대강의 흐름을 말하자면 옛날에는 전통적인 납작한 참외씨 얼굴, 19세기 말에서 1900년도 초기에는 풍만하고 건강하여 볼이 통통한 얼굴, 1910년대에는 크고 우아한 눈과 화사한 인상을 주는 얼굴을 선호했다. 1930년대부터는 다이내믹한 표정의 움직임이 반영되기 쉬운 큼직한 눈, 코, 입을 가진 얼굴에 호감을 느끼게 되었다.

1940년대부터 현재에 이르기까지 그 기호는 계속 변화하고 있다. 그 변화를 여배우 등 유명인들을 통해 발표한 연구자도 있다. 이처럼 연예인 등을 통해 기호의 변화를 나타내는 것은 반드시 타당한 방법이라고는 할 수 없지만 시대와 함께 얼굴의 기호가 변화해 왔음은 틀림없는 사실이다.

우리가 좋아하는 얼굴이 의미하는 것

얼굴의 기호는 인종이나 민족에 따라서도 다르다. 예를 들면 우리나라 사람들은 일본인보다 얼굴 사이즈가 약간 크고 내면에 깊이가 있으며 약간 올라간 눈의 야무진 느낌을 주는 여성의 얼굴을 좋아한다.

이에 비해 일본인들은 '귀여움'을 느끼게 하는 여성의 얼굴, 즉 이마가 넓고 두 눈 사이가 넓으며 코가 작고 턱이 좁은 얼굴을 좋아하는 성향이 강하다. 이런 유형의 얼굴은 유치함이나 미숙함을 발산하므로 이를 보는 사람들로 하여금 보호 본능을 느끼게 한다. 따라서 이런 형의 얼굴을 좋아하는 남성은 상대를 보호하는 입장에서서 자신의 우위성을 나타내고 싶어한다는 해석이 가능하다. 또 이런 형의 얼굴을 동경하는 여성은 성숙을 거부하고 언제까지나 보호받기를 원한다는 해석도 가능하다.

유아적인 형질이 남아 있는 귀여운 얼굴을 선호하는 문화는 성숙한 어른들이 가질 만한 책임감이나 판단력을 애매하게 유보하려는 심성이 표현된 것일지도 모른다.

그런데 여기에서 소개한 연구들은 대부분 움직임이 없는 얼굴을 대상으로 한 것이었다. 그러나 보통 우리들이 보는 얼굴은 다이내믹하게 움직이고 있다. 얼굴의 기호를 생각할 때, 얼굴 요소의 정적인 균형보다는 표정의 움직임이 중요한 요인일지도 모른다. 예를 들면 여성이 웃을 때 눈가에 지는 주름의 형태에 따라 그 얼굴의 기호가 결정되는 경우이다. 그러나 이를 증명하는 연구는 아직 불충분하다.

또 한 가지 단서를 붙이자면 여기에 소개된 여러 연구의 대부분은 얼굴을 한 번밖에 보여 주지 않았다. 실제로 우리는 같은 얼굴을 여러 번 반복해서 보게 된다. 어떤 얼굴이든 여러 번 계속 보다 보면 친밀도가 높아진다는 사실이 실험으로 확인되었다.

안경과 화장으로 매력도를 높인다

안경으로 인상이 바뀐다(?)

대학교 4학년 때 나는 눈이 나쁘지 않은데도 안경을 썼다. 내 얼굴에 악센트를 주고 싶어 도수 없는 금속테 안경을 썼던 것이다. 그 후 정말 시력이 떨어졌을 때에는 이제야말로 진짜 안경을 쓸 수 있게 되었다며 속으로 은근히 좋아할 정도였다. 안경이 얼굴의 인상을 바꿔 준다고 생각했기 때문이다.

하지만 최근의 연구 리포트를 읽어 보면 아무래도 안경에는 내가 기대한 만큼의 효과는 없는 것 같다.

안경은 테의 재질과 색, 형태, 렌즈의 색 등으로 얼굴에 주는 인상을 만들어 내, 검정색 금속테에 검정색 사각 렌즈가 들어간 안경과 갈색 플라스틱 테에 투명하고 둥근 렌즈가 들어간 안경은 쓴 사람의 인상을 바꿀 수 있다고 예상한다.

이 같은 예상을 확실히 하기 위해 7가지 유형의 안경을 둥근 얼굴, 달걀형 얼굴, 각진 얼굴의 범주에 들어가는 5명의 여성에게 쓰게 한 다음, 얼굴 사진을 찍어 그 얼굴의 인상을 평가하게 한 실험이 있다.

여기에 따르면 금속테의 나비형 안경은 깐깐하다, 어른스럽다, 지적이다, 라는 인상을 주었고, 백색 투명한 둥근 플라스틱 테로 렌즈에 모양이 들어간 안경은 믿을 만하지 못하다, 품위가 없다, 아이 같다는 인상을 만들어 냈다.

그러나 같은 안경이라도 얼굴형에 따라 전혀 반대되는 이미지를 만들어 내, 다시 말해서 특정한 안경을 끼면 특정한 인상을 만들어 낼 수 있다기보다는 안경과 얼굴형의 조화가 중요했던 것이다.

일반적으로는 안경을 쓰면 지적으로 보인다고 생각하며, 나 자신도 여기에 기대를 걸고 지금도 안경을 쓰고 있지만 이 효과도 극히 한순간임을 알게 되었다.

어느 실험에서 안경 쓴 인물을 5초만 보여 주고 그 사람의 IQ를 추정하게 했는데, 안경을 쓰지 않았을 때보다 높게 추정되었다. 안경의 효과가 있었던 것 같다. 하지만 안경 쓴 인물을 5분간 계속 보여 준 다음 추정하게 했더니 안경을 쓰지 않은 경우와 거의 같은 추정치였다. 오랫동안 보고 있으면 안경의 효과는 떨어지고 마는 것이다.

이처럼 안경은 인상에 큰 영향을 주는 것 같지만 실제로는 그렇게 크지 않은 것이 사실이다.

진한 화장으로 인상이 바뀐다

안경에 비해 화장은 사람의 인상을 바꾸는 효과가 크다. 그 효과는 주로 화장의 농도에 따라 결정된다. 이것을 증명하는 실험에서는, 평균적인 매력으로 평가된 얼굴에 3단계 농도로 화장을 한 다음 이 여성의 인상을 평가하게 했다. 3단계란 맨 얼굴, 자연스러운 화장, 진한 화장이다. 화장이 진해짐에 따라 이 여성의 매력도와 여성스러움은 높게 평가되었지만 도덕성은 오히려 낮게 평가되었다.

다른 실험에서도 화장이 진해짐에 따라 여성스러움은 높아졌다고 평가되었지만, 비서직에 대한 적성은 낮게 평가되었다. 경리직에 대한 적성 판단에서는 화장의 진하고 옅은 정도가 별 영향을 미치지 않았다. 비서직과 같이 외견이 중시되는 직종에서 화장이 진하면 직업상의 낮은 능력을 화장으로 무마하려는 것처럼 보인다는 것이 이 실험에 참가했던 연구자들의 해석이었다.

여성에게 화장을 하는 동기에 대해 조사했더니 '사람들에게 좋은 인상을 주고 싶어서' '예쁘게 보이고 싶어서' '결점을 커버하기 위해서' 등등의 이유를 들었다. 또 이 같은 동기가 있기 때문인지 내가 남들로부터 어떻게 보이는지 신경 쓰는 여성일수록 많은 화장품을 사용하고 있었으며, 이들은 화장을 하면 인간 관계가 원만해진다고 생각하는 것 같았다. 여성들은 화장을 함으로써 자기 인상을 바꿀 수 있다는 사실을 너무나 잘 알고 있었다.

화장을 하는 또 한 가지 측면은 자신의 결점을 커버하고 장점을 강조하여 자신이 어떻게 보이는가를 관리하는 것에 있다.

화장으로 내면도 바뀐다

연극 배우는 무대 뒤에서 화장을 하면서 자연인으로서의 자기에서 벗어나 서서히 극중의 역할로 의식을 바꾸어 간다. 이로써도 알 수 있듯이 화장의 또 한 가지 측면은 자기 자신의 의식을 바꾸어 간다는 것에 있다.

각종 조사에서 여성들은 화장을 하면 적당한 긴장이 생기고 기분 전환이 되어 적극성이 높아지고 기분도 상승된다고 대답한다.

이처럼 의식의 변화는 행동에도 영향을 미친다. 여대생들에게 맨 얼굴, 자연스러운 화장, 진한 화장의 3단계 화장을 시킨 다음 자기 의견을 말하도록 설정한 실험이 있다. 활발하게 대화를 이끌어 간 그룹은 '자연스러운 화장' 쪽이 가장 많았으며 이어서 진한 화장, 맨 얼굴 순이었다. 의견 표명은 '진한 화장' 쪽이 가장 많았고 감정 표현은 '자연스러운 화장' 쪽이 가장 많았다. 화장의 정도가 자기를 표출하는 정도에 변화를 가져다 주었던 것이다.

화장은 적극성을 높여 줄 뿐만 아니라 정신적인 안정 효과나 리스크제이션 효과까지 있다. 여성은 30대 정도부터 이 같은 효과도 인식하게 된다.

적극성을 높여 주고 정신적인 안정감까지 가져다 주는 화장의 효과는 우울증이나 노인성 치매 환자들을 대상으로 행해지는 화장 지도에 의해서도 증명되고 있다. 화장을 함으로써 환자들의 우울 성향이 낮아졌고 외향성이나 활동성이 증가함으로써 사회 복귀가 촉진된다는 사실이 확인되었다.

화장은 단순히 외면만을 가꾸는 행위는 아닌 듯싶다.

지금까지 논해 왔던 것처럼 적어도 두 가지의 심리적인 효과가 있다. 한 가지는 타인에 대한 자신의 인상을 관리하는 효과, 또 한 가지는 자기 자신의 의식을 변화시켜 대인적인 적극성을 높여 주는 효과이다.

이 두 가지 효과는 화장뿐 아니라 옷을 입고 액세서리를 걸치는 등 넓은 의미에서 장식한다는 행위 전반에 걸쳐 얘기할 수 있을 것이다.

바야흐로 화장은 여성의 특권이지만 남성 화장품도 상당히 많이 이용되어 왔다. 얼굴이나 머리를 세심하게 손질하는 남자아이들이 늘고 있다. 앞으로는 중년 남성들도 얼굴의 주름을 파운데이션으로 가리게 될지도 모르겠다.

제3장

이성에게 이끌리다

미남 미녀를 좋아하는 이유

미남 미녀를 좋아한다

어떤 사람이 이성으로부터 매력적으로 보일까.

제 눈에 안경이라는 말처럼 사람들의 기호가 천차만별인 까닭에 못생긴 사람을 좋아하는 사람도 있을지 모르겠지만, 대개는 얼굴이나 스타일이 멋진 사람들을 좋아한다.

이러한 사실을 대학의 신입생 환영 댄스 파티를 이용하여 증명한 미국에서의 연구가 있다.

이 파티(사실은 실험)에서 참가자인 남녀 각각 376명이 티켓을 구입할 때 자신의 나이와 키, 인종을 비롯해서 성격, 데이트 경험 유무 등에 대해 답했다. 이것을 데이터로 하여 컴퓨터가 나에게 꼭 맞는 상대를 골라 준다는 식이었다. 하지만 실제로는 4명의 실험 조수가 파티 장소의 입구에서 참가자의 용모를 8단계로 평가했을 뿐으로, 사전 데이터와는 전혀 무관하게 참가자들끼리 적당히 섞어 놓은 커플을 만들었다.

이렇게 우연히 만들어진 커플이 댄스를 즐긴 다음, 휴식 시간에 남녀를 각각 다른 방으로 불러 각 참가자에게 상대에 대한 호감도, 상대와 데이트하고 싶은 정도를 물었다.

실험 결과는 실로 간단했다. 참가 조수의 평가에 따라 참가자의 용모를 남녀 공히 폭탄, 평균, 킹카 등 3단계로 나누어 분석했는데,

결국 모든 참가자가 자기의 용모와는 상관없이 킹카로 평가된 상대를 좋아했으며 그 사람과의 데이트를 원했던 것이다.

우리는 미남 미녀를 좋아한다. 이것은 당연한 일 같지만, 왜 잘생긴 사람을 좋아하는지에 대한 이유로 들어가면 그리 간단한 문제는 아니다.

잘생긴 사람은 좋은 사람이다

겉모습만으로 사람을 판단해서는 안 된다고 학교에서 배웠던 것도 같은데, 우리는 자주 사람의 겉모습만을 보고 그 사람의 내면을 판단한다. 겉모습이 내면을 판단하는 단서가 되기 때문이다.

중학생이나 고등학생이 아닌 이상 우리는 자유로운 복장과 머리 모양을 하고 있다. 자유롭게 선택할 수 있는데도 우리는 어떤 사람이 특정한 복장이나 머리 모양을 선택하면 그 복장이나 머리 모양이 그 사람의 가치관이나 태도를 반영한다고 생각한다.

그 전제하에서 우리는 겉모습으로 내면을 추측하는 것인데, 이때 용모나 체격까지 함께 추측의 단서로 이용되고 만다. 옷이나 머리 모양은 쉽게 바꿀 수 있지만 용모는 태어날 때부터의 선천적인 특징이어서 노력한다고 쉽게 바뀔 수 있는 사안이 아니다. 다시 말해서 용모에는 그 사람의 가치관이나 태도가 반영되어 있다고 할 수 없는 것이다. 그럼에도 불구하고 옷이나 머리 모양과 마찬가지로, 용모가 단정하고 아름다우면 그 사람의 내면도 좋은 것으로 단정해 버린다.

'잘생긴 사람은 좋은 사람'이라는 선입견은 상당히 강력하다. 겉모양으로 사람을 판단해서는 안 된다고 가르쳐야 할 교사들조차 영향 받고 있다는 사실을 증명한 연구가 있다.

이 연구에서는 초등학교 3학년 여자아이가 머리를 단정하게 빗고 활짝 웃는 모습의 사진과 같은 아이가 머리를 헝클어뜨리고 이마와 뺨에 뭔가를 묻힌 채 입을 굳게 다물고 있는 사진을 준비했다. 이 사진 중 아무 거나 한 장을 여러 명의 초등학교 교사에게 보여 준 다음, 사진 속의 아이에 대해 여러 사항을 평가하게 했다. 그 결과 같은 아이임에도 불구하고 겉모습이 단정한 사진을 본 교사들은 그 아이에 대해 도덕적이며 품행이 좋다고 평가했다.

용모가 좋다고 해서 내면까지 좋다고 할 수는 없다. 교사들까지 선입견에 물들어 있다는 얘기를 했는데, 이 선입견이 어느 정도는 틀리지 않는다고 주장하는 연구자도 있다.

잘생긴 사람(여성에 한하지 않음)은 어렸을 때부터 주위 사람들로부터 주목받으며 칭찬을 듣는 경우가 많다. 그 결과 자신감을 갖고 무엇이든 할 수 있다고 믿기 때문에 어떤 일에 있어서든 정말 열심히 성심껏 노력한다. 가지고 있는 능력을 충분히 발휘한다. 그러면 실제로도 일이 잘 풀리는 경우가 많다. 다른 사람에 대해서도 자신감과 여유를 가지고 만날 수 있기 때문에 약간의 욕이나 놀림에 상처 받거나 휘둘리지 않는다. 결과적으로 인간 관계도 호전된다. 이렇게 용모가 뛰어난 아이들은 실제로 내면도 충실한 채 성장하여 좋은 사람이 된다는 것이다.

잘생긴 사람이 내면도 충실하다면 그 사람으로부터 상처나 배신,

사기를 당할 염려가 없다. 그 사람의 친절을 받거나 도움을 청할 가능성도 크다. 그렇다면 잘생긴 사람을 좋아하는 것은 합리적이라는 생각이 들기도 한다.

자신의 가치를 높이기 위해

우리가 미남 미녀를 좋아하는 두 번째 이유는 잘생긴 사람과 함께 있으면 자신의 가치도 올라가기 때문이라는 설도 있다. 친하게 사귀는 친구나 연인의 용모가 뛰어나면 누구나 자랑스럽게 생각한다. 그 같은 상대와 사귀고 있는 자신의 힘을 세상에 과시할 수 있다. 예를 들면 미국의 어떤 대부호가 블론드의 아름다운 여성을 데리고 걸어가는 모습을 텔레비전에서 가끔 보는데, 그것은 자신의 재력을 과시하는 것임에 틀림없다.

재력 이외에 능력이나 체력 등을 과시하려는 자(남성에 한하지 않음)는 자기 옆에 용모가 뛰어난 사람을 두고 싶어한다. 뛰어난 용모로 주위의 시선을 끌면서 그런 사람과 사귀는 자신의 힘을 과시하는 동시에 자신에 대한 평가를 올리려는 작전이다.

자기가 사귀고 있는 연인이나 친구가 아름다우면 그 아름다움의 빛이 자기에게도 미친다. 찬란하게 빛나는 것 옆에 있는 것까지 빛나 보이는 소위 후광 효과이다. 이런 효과를 기대하며 잘생긴 사람을 좋아하는 것이다.

세 번째 이유로, 미남 미녀와 함께 있으면 미적인 만족감을 느낄 수 있기 때문이라는 설도 있다. 단순히 '잘생긴 사람을 보는 것은 기분 좋은 일'이라는 설이다.

그러나 이 설도, 왜 아름다운 것을 보면 기분이 좋아지는가에 대해 곰곰이 생각해 보면 첫 번째나 두 번째 이유로 흡수될 것 같다.

결국 우리가 미남 미녀를 좋아하는 것은, 용모가 뛰어난 사람은 내면도 좋을 것 같고 힘을 과시할 수도 있으며 후광 효과까지 기대할 수 있기 때문일까.

남자가 끌리는 여성의 체형

지나치게 마른 이상주의자

여성의 다이어트는 여전히 성황중이다. 여성지나 텔레비전에는 여러 가지 다이어트 법이 질리지도 않는지 계속 소개되고 있으며, 따라서 다이어트 법은 상당히 큰 장사 수단이 되고 있다.

다이어트에 대한 화제가 끊임없이 이어지는 것은 많은 여성들이 지금보다 살이 더 빠지기를 원하기 때문이고, 결정적인 다이어트 비법이 없기 때문이며, 수많은 다이어트 실패자와 극히 적은 수의 성공자만이 존재하기 때문이다. 다이어트 법에 관한 비즈니스는 수도 없이 많다. 마르지 않는 샘물과도 같은 것이다.

여성들은 필요 이상으로 마르기를 원한다. 바로 이것이 문제이다. 얼마나 마르기 원하는지를 보여 주는 연구가 있다.

이 연구에서는 자기가 이상적으로 생각하는 체형을 남녀에게 그리게 했다. 그러자 남성은 평균적으로 체중이 6% 늘어난 모습을 이상적이라고 한 것에 비해, 여성은 놀랍게도 30%나 줄인 체형을 이상적인 것으로 그렸다. 30%를 줄인다는 것은 만약 몸무게가 50kg라면 35kg을 말한다. 병이나 상처가 없는데도 원래 체중보다 25% 감소하면 의학적으로는 정신성 식욕부진중이라는 진단이 내려진다. 이런 기준에서 보면 30%나 더 마른 체형을 이상형이라고 그린 여성 응답자의 대부분은 마음의 병에 걸렸다는 진단을 받게 된다.

예뻐지고 싶다는 생각에 감량을 시작한 여성이 실제로는 뼈와 가죽만 남은 앙상한 체격으로 변했는데, 그런데도 감량을 계속하고 있다는 얘기를 들은 적이 있다. 이 같은 여성은 성숙에 대한 혐오감이나 불안감 때문에 마르는 것 외에는 자신감을 가지고 할 만한 것이 없기 때문이다. 몸무게를 줄이지 못하면 자기 자신에게 졌다는 자기 판단 하에 우울해 하고, 몸무게를 줄이면 자기에게 이겼다는 생각에 자신감을 갖는다. 승리의 쾌감에 도취되어 몸무게를 줄이는 데 더욱 정진하는 것이다.

마르고 싶어하는 여성 심리의 배후에는 여린 몸매가 아름답다는 사회적 통념 때문이다. 사회 전체가 날씬한 체형을 지나치게 선호하고 있다.

그러나 사실 남성들은 여성의 마른 체형을 좋아하지는 않는다.

남성이 좋아하는 여성의 체형

여성의 체형은 잘록한 허리가 포인트이다. 전체적으로 살이 찐 여성이라도 허리가 가늘면 스마트한 인상을 줄 수 있으며 거꾸로 마른 체형이라 해도 허리가 잘록하지 않으면 야무지지 못한 인상을 준다는 연구 보고가 있다.

미국의 어느 연구자는 허리 사이즈를 엉덩이 사이즈로 나눈 값, WHR(waist-to-hip ratio)을 여성 체형의 지표로 했다. WHR 1.0은 허리와 엉덩이 사이즈가 같은 것으로, 허리에 곡선이 없는 체형이다. 이 값이 작을수록 허리에 곡선이 살아 있으며 하반신에 피하지

방이 많다는 것을 나타낸다.

이 연구자는 얼굴이나 머리 모양, 발 사이즈는 모두 똑같지만 허리의 곡선 정도, 즉 WHR만 각각 다르게 설정한 여성의 그림을 4장 준비하여 남성 피험자들에게 어느 체형이 매력적인가를 물었다. 그 결과 WHR 1.0인 여성은 피험자 중 1%로부터 매력적이라는 평가를 얻었다. 이에 비해 4장 중 곡선의 정도가 가장 큰 WHR 0.7인 여성은 피험자 중 50%로부터 매력적이다, 건강해 보인다, 아이를 갖고 싶은 생각이 들며 생산 능력도 좋을 것 같다, 라는 평가를 받았다.

이전의 여러 연구를 통해 WHR이 작으면 여성 호르몬의 분비가 활발하여 당뇨병, 고혈압, 심장질환 등에 잘 걸리지 않는 건강체로, 번식력이 높다는 사실이 잘 알려져 있다. 따라서 남성들이 WHR 0.7인 여성을 매력적으로 느낀다는 것은 번식력이 왕성한 체형에 끌린다는 것이 된다.

진화론적 해석

남성은 번식력이 높은 체형에 매력을 느낀다. 이 설명은 약간 야만적으로 들릴지도 모른다. 더구나 여성에 대해 번식력 같은 동물적인 단어를 운운하는 것은 인간성을 무시한다는 반론도 있을 수 있다.

사실 이 설명은 실제로 인간성을 무시하고 있다. 왜냐 하면 이것은 진화론에 의거한 설명인데, 이 입장에서는 인간도 다른 동물과 다르지 않기 때문이다.

아주 먼 옛날, 인류의 조상들은 자연의 위협이나 다른 동물들의 공격을 막아내며 자신의 자손(유전자)을 다음 세대에 남기는 것이 가혹하기는 했지만 가장 중요한 과제였다.

유성 생식을 하는 인류가 이 과제를 달성하면서 유전자를 다음 세대에 남기려면 암수 모두 적절한 이성을 찾아내야 했다. 수컷 쪽에서 보면 자기 자식을 갖고 약 9개월 정도의 임신 기간을 건강하게 지낸 다음, 1년 여의 수유를 무사히 마칠 수 있는 암컷을 선택해야 했을 것이다. 잘못된 선택은 자신의 유전자가 끊긴다는 것을 의미했다.

잘못된 선택을 하지 않기 위해 인류의 선조 수컷들은 암컷이 가지고 있는 여러 가지 외적인 특징들을 필사적으로 살피게 되었다. 그 결과 유력한 단서의 하나로 선정된 것이 암컷의 허리와 엉덩이의 비율, 즉 WHR이었다는 것이다.

수컷에게 있어서 이 단서에 의한 선택이 옳았는지는 실제로 자손을 남김으로써 확실해졌다. 따라서 다음 세대의 수컷 또한 이 단서를 이용했다.

암컷 쪽에서 보면, 수컷의 바른 선택을 이끈 WHR을 갖는 암컷은 다음 세대에도 수컷의 선택을 받았다. 그렇지 못한 암컷은 다음 세대에서는 선택 받지 못하고 도태되고 말았다.

이렇게 선택의 기준으로 WHR을 채택한 수컷과, 수컷의 선택을 받은 WHR을 갖는 암컷만이 오랜 세월의 흐름 속에서 살아 남았다. WHR은 건강 상태와 번식력의 믿을 만한 기준으로서 남성들이 수천 세대에 걸쳐 이용해 왔던 것이다.

그래서 지금도 인간과의 남자라는 생물체는 날씬하고 연약한 여성을 좋아하지 않는다. 왕성한 번식력을 표출하는 체형을 좋아한다. 이것이 바로 진화론에 기초한 설명이다.

이 설이 사실이라면 미국인 남성뿐 아니라 인종이나 문화를 초월하여 모든 인간과 일반에 적용되어야 할 것이다. 그래서 연구자들은 이 사실을 지지할 수 있는 데이터를 한창 수집하고 있다.

여자가 남자를 선택할 때

진화 심리학의 탄생

진화론에 대해서는 누구나 의무 교육 과정에서 배우고 있다. 나도 생물이 바다에서 지상으로 진화해 가는 모양이나 유인원에서 분기된 원시인이 두 다리로 버티고 서 있는 일러스트 계통수를 본 기억이 있다. 자연 도태나 돌연 변이라는 말도 알게 되었고, 인간의 선조는 원숭이였구나 하고 소박하게 이해했던 것이다.

하지만 나는 중요한 것을 배우지 못했다. 인간은 진화의 종착점에 있는 것이 아니라 진화 도중에 있으며 앞으로도 진화해 간다는 것, 또 우리의 일상적인 행동이나 세상 돌아가는 사정조차도 진화의 영향을 받고 있다는 것, 이런 것까지는 미처 몰랐던 것이다.

하지만 나만 몰랐던 것은 아닌 모양이다. 진화론을 인간에게 적용하게 된 것은 다윈의 〈종의 기원〉으로부터 100년이나 지난 1960년대 후반부터였다. 1975년에 발표된 E. O. 윌슨의 〈사회 생물학〉은 이 흐름에 탄력을 붙였다고들 한다.

이와 같은 흐름은 심리학에도 영향을 미쳤다. 인간 신체의 특징과 마찬가지로 심성의 기원을 자연 도태를 중심으로 한 진화론으로 설명하려는 연구자가 늘어나게 된 것이다. 그들은 자신들의 연구를 진화 심리학이라고 부른다.

여성과 남성이 다른 찬스의 수

진화 심리학의 입장에서 볼 때 인류에게 주어진 가장 중요한 과제는 자신의 유전자를 가능한 많이 다음 세대에 남기는 일이다. 이를 위해서는 확실히 자손을 남길 수 있는 이성을 선택해야만 한다. 하지만 가능한 많이, 확실히 자손을 남기기 위해 여성과 남성들에게 있어 이성을 선택하는 기준이 달라지게 되었다.

여성은 한 달에 한 번밖에 배란하지 않는다. 일생에 걸쳐 약 400개라는 한정된 수의 난자만을 배란하는 것이다. 더구나 수정은 자신의 체내에서 해야만 했다. 게다가 임신을 하게 되면 9개월 여 동안 수정란에 에너지를 계속 공급할 것을 강요받으면서 다른 남성과 관계를 맺을 기회를 잃고 만다. 즉 여성은 가능한 많은 자손을 남기려 해도 약 400회밖에 기회가 없으며, 한 번의 임신에 10번의 기회를 잃어버리고 마는데, 모두 임신한다 하더라도 40명의 자손밖에 남길 수 없다. 따라서 '가능한 많이' 보다는 '확실히'를 중시하지 않을 수 없었다.

한편 남성은 한 번에 수억 개의 정자를 방출할 수 있으며 한 시간 경과하면 1,200만 개가 보충된다. 생식 작업도 여성에 비하면 비교도 되지 않을 만큼 간단히 끝내 버린다. 더구나 여성이 임신 중이라도 다른 여성과 관계하여 자손을 남길 수도 있다. 따라서 '확실히' 보다는 '가능한 많이' 쪽을 지향하게 되었다.

여성과 남성의 이 같은 차이가 이성을 선택하는 기준에도 차이를 가져온 것이다.

여성이 남성을 선택하는 기준

여성은 남성을 선택할 때 아무래도 신중해지지 않을 수 없다. 충동적이고 포기가 빠르며 바람둥이에다 게으르기까지 한 남성을 선택했다면, 그 잘못에 대해 그 후 몇 년간에 걸쳐 스스로 갚아 나가야만 하기 때문이다. 확실히 자손을 남기려면 장기간에 걸쳐 배우자 관계를 계속할 의지와 능력이 있는 남성을 선택하지 않으면 안 된다. 그래서 다음과 같은 것을 선택의 기준으로 이용하게 되었다.

가장 우선되는 것이 경제력과 사회적 지위이다. 경제력 또는 사회적인 지위가 있는 남성을 선택하면 여성은 자기 자신과 자기 아이를 위한 보호와 안전을 확보할 수 있다.

우리 나라를 포함한 37개 문화권을 대상으로 실시한 조사 결과에 따르면 지역, 정치 체제(사회주의, 공산주의 포함), 인종, 종교, 혼인 시스템(극단적인 일부다처제 포함)에 상관없이 여성은 남성에 비해 상대의 경제력과 사회적 지위를 중시했다.

장래에 경제력이나 사회적인 지위를 획득할 가능성이 큰 남성도 여성에게는 매력적이다. 이러한 가능성을 보증하는 심리적 특성이 바로 남성의 야심과 성실성, 지성 등이다. 야심을 가지고 열심히 일하는 남성은 경제력이나 사회적 지위를 획득할 가능성이 높다. 지성도 대개의 국가에서 앞으로 많은 부와 명예를 얻을 것으로 예상되는 지표가 된다.

또한 여성은 남성의 심리적 특성으로는 안정된 정서 상태, 협조성, 사랑과 헌신을 중요한 선택 기준으로 삼는다. 이 기준들을 만족시키는 남성은 여러 가지 자원을 장기간에 걸쳐 안정적으로 공급해 줄 것으로 예상하기 때문이다. 아무리 경제력이나 사회적 지위가 있더라도 감정이 불안정하고 협조성이 부족하며 바람을 피우는 남성이라면 안정된 관계를 유지하는 것이 곤란하며 자기에게만 자원을 공급하리라는 보장도 없다.

여기에서 말하는 사랑과 헌신이란 남성이 정조를 지키면서 바람을 피우지 않는 것을 말하며, 자기를 희생하면서까지도 자신의 자원을 한 여성에게만 제공하는 것이다.

마지막 기준은 건강, 체격과 체력이다. 건강하며 체격이나 체력이 좋은 남성은 여성을 보호할 능력이 높은 것으로 간주된다. 또 지금까지 예로 들었던 기준을 실제로 효력이 있는 것으로 하는 데에도 건강이나 체력은 필수적이다. 또한 건강이나 체력은 여성이나 그 가족에게 병을 옮길 위험성이 적고, 아이에게도 이 유전자가 전해짐으로써 도태되지 않을 자손을 얻을 가능성이 높아진다.

이상 열거한 기준의 가치는 여성이 처한 상황에 따라 달라진다. 예를 들면 높은 경제력을 지닌 여성이라면 남성의 경제력에는 그다지 가치를 두지 않는다. 오히려 사랑과 헌신과 같은 심리적 특성 쪽에 가치를 둔다.

여성은 자기가 처한 상황을 고려하며 남성이 지닌 특질을 종합적으로 판단하여 적절한 배우자를 선택해야 한다. 여기에 성공한 여성과 자손만이 자연 도태를 극복하고 미래에도 살아남을 수 있을 것이다.

남자가 여자를 선택할 때

젊음에 대한 갈망

젊음은 남성에게나 여성에게나 중요한 문제이다. 따라서 남녀 모두 젊어지기 위해 정말 눈물겨운 노력을 마다하지 않는다. 젊음을 유지하기 위해 몸을 단련하고 식사에 신경 쓰며 비타민을 먹고 스트레스를 멀리 한다. 젊게 보이려고 화장을 하고 화려한 옷을 입으며 유행어를 사용한다.

남녀 모두 마찬가지로 젊게 살기를 원하지만 이성의 젊음에 대한 갈망의 정도는 남녀간에 차이가 있다. 여성은 남성의 젊음을 그렇게까지 요구하지는 않는다. 결혼 상대라면 오히려 자기보다 연상의 남성을 좋아한다.

우리 나라를 포함한 37개 문화권에서 실시한 조사에서 여성에게 결혼 상대와의 이상적인 나이 차이를 물었더니, 프랑스계 캐나다인이 가장 적어서 2살 미만, 이란 인이 가장 커서 5살 이상 많은 남편이 좋다고 대답했다.

이에 비해 남성은 여성에게 젊음을 요구했다. 어느 나라 남자든 자기보다 젊은 아내를 원했다. 핀란드 등 스칸디나비아 국가에서는 한두 살 연하, 아프리카의 나이지리아나 잠비아에서는 7살이나 8살 연하의 여성과 결혼하고 싶어했다. 평균적인 나이 차이는 2.5살이었다. 응답자들 중 기혼자의 실제 연령 차이는 평균 3살이었다.

이 밖에도 결혼한 커플의 실제 나이를 조사한 각종 조사에서도 남성이 자기보다 젊은 여성을 원하는 경향은 일관되게 나타났다.

이렇게까지 남성이 자기보다 젊은 여성을 원하는 이유는 뭘까.

여성의 아름다움은 번식력

광택이 있는 머릿결, 맑고 큰 눈, 촉촉하게 젖은 입술, 부드러우며 윤기 있는 피부, 잘록한 허리, 통통한 엉덩이. 남성은 여성의 이 같은 부분에 매료된다. 이와 같은 특징을 지닌 여성을 아름답다고 느끼며 아내로 삼고 싶어한다.

1939년부터 10년 주기로 1989년까지 50년에 걸쳐 실시한 미국의 조사 결과를 보면, 남성은 여성보다 배우자의 신체적 매력을 일관되게 중시하고 있다. 게다가 그 경향은 매년 더 강해지고 있다. 강해진 원인의 한 가지는 남성이 텔레비전, 패션 잡지, 광고 등에서 매력적인 여성 모델을 자주 접한 결과로 생각된다.

전에 기술한 국제 조사에서도 남성이 여성의 신체적인 매력을 중시하는 것은 그 어떤 국가나 지역을 막론하고 모든 결혼 시스템, 생활 습관, 종교, 인종, 민족에서 인정되고 있다.

매력적인 육체를 지닌 여성을 좋아하는 것은 남성에게 공통된 심리 메커니즘이다. 그 이유에 대하여 진화 심리학자들은 '남성은 여성의 젊음에서 번식력을 판단하고, 젊음 그 자체보다 실은 번식력을 평가하는 것'으로 생각한다. 찰랑찰랑 윤이 나는 머리카락, 맑고 큰 눈, 젖어 있는 듯 촉촉한 입술, 부드러우며 탱탱한 피부, 잘록한 허리, 통통한 엉덩이. 여기에 남성이 매료되는 것은 이 같은 특징들이 여성의 번식력을 나타내기 때문이라는 것이다.

진화론은 사실일까

진화 심리학자들에게만 가면 모두 번식력으로 치부되는 것 같다. 그들은 눈앞의 현상 중 진화론에 끼워 맞출 수 있는 내용만을 들어 그럴싸하게 설명하고 있는 것은 아닐까. 진화론에 의한 해석은 정말 맞는 말일까.

　진화 심리학자는 자신들의 해석이 옳다는 것을 증명하기 위해 주로 두 가지 방법을 이용하고 있다.

　한 가지는 세계적인 규모로 국제 비교 조사를 하는 것이다. 어떤 심리적 특징이 진화의 산물이라면 특정 지역이나 인종, 문화에 국한되지 않고 널리 전세계적으로 인간이라는 종에 보편적으로 발견될 것이다.

　이런 견해로 실시된 대표적인 조사가 지금까지 몇 번 인용되었던 D. M. 바스라에 의한 37개 문화권에서의 조사이다. 이 조사는 6개 대륙, 5개 섬에 분포하는 37개 문화권을 대상으로 하고 있어 모든 인종, 민족, 종교, 정치 체제 등을 망라하고 있으며, 응답자는 14세부터 70세까지 10,047명에 이른다. 이 같은 대규모 조사에서 응답자에게서 공통적으로 인정되는 심리적 특성은 사람에게 보편적으로 인정되는 것으로 간주해도 좋을 것이다.

　또 한 가지 방법은 어떤 심리적 특징이 갓 태어난 신생아에게도 이미 갖추어져 있다는 것을 나타내는 방법이다. 진화의 결과로 사람이 어떤 심리적 특징을 갖는다면 그 특징은 누구에게 가르치거나 하는 것이 아닌, 천부적으로 가지고 태어나는 것임에 틀림없다. 이 같은 특징은 사람이 환경에 적응하고 도태를 면하기 위해 중요한 역할을 해 왔다고 생각한다.

이 같은 방법론에 의한 연구에는 예를 들면 다음과 같은 것들이 있다.

이 실험에서는 우선 어른들에게 여성을 촬영한 슬라이드를 여러 컷 보여 준 다음, 각 여성의 매력도를 평가하게 했다. 이어서 어른들이 평가한 매력도가 다른 두 여성의 사진을 생후 2~3개월, 6~8개월의 유아들에게 보여 주었다. 그 결과 모든 유아가 어른들이 매력적이라고 평가한 여성의 얼굴 사진 쪽을 오랫동안 쳐다보았다.

다른 실험에서는 예쁜 가면을 쓴 인물이 생후 12개월의 유아와 노는 경우와, 같은 인물이 못생긴 가면을 쓰고 노는 경우를 비교하였다.

결과는 예쁜 가면을 썼을 때 아기는 더 좋아하고 놀이에도 열중했으며 재미있게 놀았다.

이 실험들에서 용모에 대한 선호도는 천부적이라는 사실을 알 수 있다. 따라서 인간의 조상들은 용모를 배우자 선택의 기준으로 이용했으며 이를 자손 번영으로 이어왔다는 것을 추측할 수 있다.

진화 심리학자들은 앞에서 언급한 두 가지 방법론에 따라 진화론에 의한 해석이 옳다는 것을 증명하고 있다. 아무래도 진화론에 의한 해석은 황당무계한 소리는 아닌 듯싶다. 진화는 과거의 이야기가 아니라 현재의 우리들에게는 물론, 미래까지도 결정할 수 있는 것이다.

제4장

남의 얘기를 듣는다

듣는 것은 주는 것

상대가 기뻐하는 것?

직장인의 인간 관계에 관한 세미나에서 강사를 할 때의 일이다.
　수강자에게 2인 1조로 마주앉게 한 다음 눈앞에 있는 사람이 기뻐할 만한 것을 지금 당장 준비해 달라고 했던 적이 있다.
　당신이었다면 무엇을 주었겠는가.
　수강자 중에는 무심결에 주머니에서 지갑을 꺼내 드는 사람도 있었다.
　돈이나 물건을 주면 안 된다고 하자 대개의 수강자들이 머뭇거렸는데, 어떤 젊은 여성이 '미소'라고 한 마디 외치자 여기저기에서 흰 이를 드러내고 상대 남성에게 웃어 보이기에 바빴다. 이것도 정답이다. 그 증거로 상대 남성이 그 미소에 답하듯이 기쁘게 웃어 주었던 것이다. 그러나 내가 준비한 답은 '상대방의 얘기를 들어주는 것'이었다.
　상식적으로 생각하면 얘기를 듣는다는 것은 정보를 받는 행위이다. 상대방의 이야기에 귀를 기울여 상대가 무엇을 느끼는지, 무엇을 생각하고 무엇을 하려는지 이해한다. 이런 의미에서 듣는다는 것은 분명히 받는 것이다.
　하지만 상대방의 이야기를 듣는 것은 보수를 주는 행위이기도 하다. 이것을 이해하려면 대인 심리학에서 사용하는 '보수'의 의미를 알 필요가 있다.

대인 심리학에서 보수라고 하면 돈이나 물건에 한정되지 않는다. 상대가 받아서 좋아하는 것이라면 정신적인 것이든 추상적인 것이든 모두 보수라고 한다. 앞의 젊은 여성의 미소도 이를 본 상대방이 즐거워했으므로 아주 훌륭한 보수이다. 마찬가지로 이야기를 들어주는 것도 상대가 즐거워했기 때문에 보수이다.

이야기를 들어주면 상대방이 얼마나 좋아할지는, 반대로 이야기를 들어주지 않는 행위를 생각해 본다면 금방 납득이 간다. 상대방의 이야기를 듣지 않는다는 것은 상대방을 무시하고 상대방의 존재를 부정하는 행위이다. 이는 상대방에게 고통을 안겨 주고 상대의 자존심에 상처를 준다.

따라서 상대방의 이야기를 들어주는 것은 상대방의 존재를 긍정하고 안도감을 느끼게 해 주며 상대방의 자존심을 세워 주는 행위, 즉 보수를 주는 행위인 것이다. 이렇게 비용이 들지 않으면서도 상대방에게 있어서 큰 보수가 되는 행위는 없다.

상대를 컨트롤할 수 있다

이야기를 듣는 것은 보수를 주는 행위이며, 반대로 듣지 않는 것은 상대방의 존재를 부정하여 불안감을 조장하며 자존심을 상하게 함으로써 벌을 주는 행위이다. 즉 이야기를 들어주느냐, 들어주지 않느냐는 상대방에게 보수를 주느냐, 벌을 주느냐를 의미한다.

일반적으로 보수를 주면 상대방은 이쪽을 호의적으로 여김으로써 다가오게 된다. 벌을 주면 서운하게 생각하며 멀어져 간다. 따라서 상대방이 호의를 가지고 자기에게 다가오기를 원한다면 이야기를 들어줌으로써 보수를 주어야 한다. 상대방이 멀어지기 원한다면 이야기를 들어주지 않는 벌을 주면 된다.

이처럼 들어주는가 들어주지 않는가에 따라 상대를 이쪽 마음대로 컨트롤할 수 있다. 듣는다는 행위는 단순한 듯하지만 상당한 힘을 가지고 있다.

예를 들어 직장의 인간 관계에서 친해지고 싶은 상대가 있다면 일단은 그의 이야기에 귀를 기울여 준다. 상대의 이야기를 들어줌으로써 계속 보수를 주면 분명히 이쪽을 호의적으로 생각할 것이다. 거꾸로 친해지고 싶지 않은 상대라면 이야기를 들어주지 않고 차가운 태도를 보이면 된다.

마찬가지로 부모님이 자식들과의 심리적인 거리를 좁히고 싶다면 아이들의 이야기를 잘 들어주면 된다. 아이에게 벌을 주고자 한다면 아이의 이야기를 들어주지 않으면 된다. 때리거나 혼낼 필요도 없다. 이야기를 들어주지 않는 것만으로도 충분한 벌이 된다.

들어주기 위한 마음가짐

영업사원의 기본은 떠드는 것이 아니라 사실은 들어주는 것이라고들 한다. 고객의 이야기를 들으면서 원하는 것을 파악하여 상품을 파는 것이다. 하지만 들어주는 것만으로 영업을 한다고는 할 수 없다. 상품을 판매하는 데 직접적인 관계가 없는 것 같지만 고객의 불평이나 불만까지도 들어주는 것이다. 들어줌으로써 신뢰 관계가 싹 트고, 계약이 성립될 기회가 많아지는 것이 사실이다.

영업사원뿐 아니다. 인간을 상대로 하는 모든 일에 있어서 듣는다는 것은 분명히 위력을 발휘한다. 일 관계뿐 아니라 부모자식 관계, 친구 관계, 연애 관계에 있어서도 들어주는 것은 관계를 만들어내고 안정시키는 데 큰 힘을 발휘한다.

단 위력을 발휘하게 하려면 다음과 같은 사항을 명심해야 한다.

첫 번째는 상대방의 이야기를 도중에서 끊지 않는 것이다. 상대방이 어정거리며 쓸데없는 얘기를 늘어놓기 시작하면 정말이지 더 이상은 듣고 싶지 않은 것이 사실이다. 자기 자랑을 늘어놓는 것도 들어주기 어렵다. 하지만 '이번에 나는 들어주는 역할'이라고 자기 주문을 걸면서 어쨌든 끝까지 들어주어야 한다.

자기 의견이나 비판, 반론은 상대방 이야기가 다 끝난 다음에 한다. 상대방의 이야기를 충분히 듣지 않은 상황에서 의견이나 비판을 내놓더라도 상대방은 납득하지 않기 때문이다.

두 번째는 상대의 화제를 받지 말 것. 상대방의 이야기에 촉발되어 '그러고 보니까 나도 그런 일이 있었는데……' 라며 자기 이야기를 시작하거나 '그러고 보니까 어제 텔레비전에서……' 라고 하는 등 화제를 바꾸지 말아야 한다. 상대방의 이야기를 진지하게 듣다 보면 자기도 어떤 얘기를 하고 싶어지지만 듣는 사람이 자기도 모르는 사이에 말을 하게 되면 분위기가 어색해진다.

세 번째로, 시간적인 압박을 가하지 말 것. 이야기를 들으면서 손목시계를 흘끔흘끔 쳐다본다거나 손에 들고 있는 펜을 수선스럽게 돌린다, 말하는 사람 쪽에서 조금씩 자리를 멀리 한다 등등, 이런 동작들은 이야기를 들어줄 시간이 없다는 것을 암시하여 말하는 사람에게 심리적인 압박을 가하게 된다.

만약 정말 시간이 없다면 적당히 들을 것이 아니라 나중에 천천히 시간을 갖자는 뜻을 전달해야 한다. 물론 나중에 정말 그런 시간을 가져야 하는 것은 당연하다.

요컨대 철저히 들어주는 역할에 충실하며, 이야기를 끝까지 들어주는 것이 기본적인 마음가짐이다.

신체적인 반응을 보이며 들어준다

단순히 듣기만 하면 안 된다

오늘 하루 당신은 커뮤니케이션을 위해 어느 정도의 시간을 할애했는가. 가족이나 친구, 동료와 얼굴을 맞대고 이야기를 한다, 전화로 얘기한다, 팩스나 메일, 편지로 정보를 주고받는다 등등…….

우리는 눈뜨고 있는 시간의 대부분을 커뮤니케이션을 위해 쓰고 있는데, 그 중 45%는 듣는 데 쓰고 있다. 이는 말하다(30%), 읽다(16%), 쓰다(9%)보다 많은 비중을 차지한다.

최근 들어 급속히 발달된 메일을 고려한다면 읽고 쓰는 비율이 좀더 늘었겠지만 듣는 것에는 미치지 못할 것이다. 그럼에도 불구하고 학교 교육에서는 듣는 것에 대한 학습은 거의 이뤄지지 않고 있다. 이는 듣는 것은 너무 쉬워서 일부러 따로 배울 필요가 없다는 생각 때문이다.

사실 귀는 눈이나 입처럼 닫을 수 없기 때문에 아무런 조치를 취하지 않아도 소리는 저절로 귀로 들어온다. 그러나 남의 이야기를 진정한 의미에서 들어준다는 것은 쉬운 일이 아니다. 그래서 대인 심리학에서는 단순히 듣는 것만으로는 불충분하여, 들어주어야 한다는 말을 해 왔다.

한자 사전을 찾아보면 들을 문(聞) 자는 음성이 귀에 들어오는 것, 자연스럽게 들리는 것을 의미하는 데 비해, 들을 청(聽) 자는 자기 생각을 넣어서 듣는 것을 뜻한다고 되어 있다. 들을 청(聽)이라는 한자에는 마음이 포함되어 있다. 마음을 모아 귀기울이는 것이 들어주는 것이며, 다른 사람과 신뢰 관계를 구축하기 위해서는 먼저 상대방의 이야기에 마음을 모아 귀를 기울여야 하는 것이다.

미국의 연구자들도 hearing(聞)과 listening(聽)을 구별하면서 전자는 신체적인 활동이지만 후자는 심적인 과정이라고 설명하고 있다.

신체를 이용하여 들어준다

내가 아무리 마음을 담아 귀를 기울인다 해도 내 마음이 상대방에게는 보이지 않는다. 상대방에게 전해지지 않았다면 들어주었다고도 할 수 없다. 들어준다는 것은 받는 것이 아니다. 전하는 것이다. 상대방의 이야기를 이해하려 한다는 것, 상대방의 이야기에 흥미와 관심을 가지고 있다는 것, 이런 것들을 전달하는 것이 가장 중요하다. 이를 위해서는 몸을 이용할 필요가 있다. 귀뿐만 아니라 전신을 이용하여 '나는 당신 이야기를 열심히 들어주고 있다' 라는 메시지를 보낸다.

먼저 지금 하고 있는 일을 밀어 두고 상대에게 얼굴을 돌려 눈을 바라본다. 들어줄 준비가 되어 있다는 사실을 몸 전체로 말하는 것이다. 시선의 높이는 상대와 같은 높이로 하는 것이 기본이다. 상대가 앉아 있다면 나도 앉고 상대가 서 있다면 나도 선다.

상대와의 거리에도 주의를 기울여야 한다. 가능하면 상대와 가까이 한다. 서서 이야기를 나눈다면 대개 1미터 전후가 좋은데, 친해지고 싶은 상대라면 좀더 가까이 응시한다. 단, 상대가 상사이거나 이성인 경우 정면으로 서게 되면 긴장한다. 이 때에는 상대방의 좌우 어느 쪽으로든 비스듬히 앞으로 몸을 비키는 것이 좋다. 긴장감이 해소되면서도 가까운 거리를 유지할 수 있다.

상대방이 이야기를 시작하면 고개를 가볍게 위아래로 움직이며 적당히 수긍을 표한다. 상대방의 이야기에 맞춰 '아, 네-!' '맞아요!' '정말이오?' 같은 말을 하면서 맞장구를 쳐준다. 이것은 말하는 사람을 격려해 주는 역할을 한다.

얼마나 격려가 될까. 대인 심리학의 몇 가지 실험이 이를 증명하고 있다. 면접을 연습하는 실험에서는 면접자가 의도적으로 수긍의 정도를 늘리자 지원자의 발언 시간이 50~70%나 늘어났다.

다른 실험에서는 10분 동안의 면접에서 처음 5분은 면접자가 자주 '아- 그러세요!' 라고 수긍을 해 주다가 중간부터 맞장구를 치지 않고 책상 위의 서류만 쳐다보는 경우를 설정했다. 거꾸로 처음 5분은 시선을 떨어뜨리고 서류만 쳐다보다가 5분 경과 후에는 맞장구를 치기 시작하는 경우도 설정했다.

면접 보는 학생들의 모습을 녹화하여 분석해 보았더니 모든 경우에서 수긍과 맞장구가 있을 때 말수가 많아졌고 표정도 생생하게 살아 있었다.

이처럼 효과적인 수긍이나 맞장구에다가 표정까지 다양하게 하면 말하는 사람을 더욱 고무시킬 수 있다. 표정은 내용에 따라 슬픈 이야기를 할 때에는 슬픈 얼굴을, 즐겁고 재미있는 이야기를 할 때에는 미소를 띤다. 단 너무 과장되면 안 된다.

　이렇게 몸 전체를 이용하여 상대방의 이야기를 들어주는 데 있어 중요한 것은 몸의 각 부분이 '당신의 이야기를 들어주고 있다' 라는 메시지를 발산하는 것이다. 웃는 얼굴로 고개를 끄덕이면서, 손가락으로 책상을 두드리거나 자주 손목시계를 쳐다본다면 모순된 메시지를 보내는 것이 된다. 모순된 메시지는 내 얘기를 진심으로 들어주지 않는다, 지겨워하고 있다는 메시지로서 상대에게 부정적으로 받아들여진다.

고독한 사람은 들어주지 않는다

전신을 이용하여 상대방의 이야기를 들어준다. 당연한 일 아닌가, 이런 말을 듣지 않더라도 자연스럽게 그렇게 하고 있다. 이렇게 생각할지 모르지만 의외로 잘 못하는 사람들이 많다.

　나는 외톨이이며, 지금 그 누구와도 친해지고 싶지 않다는 대학생 40명을 1명씩 실험실로 불러 실험 조교로 하여금 대화하도록 한 적이 있다. 그 모습을 비디오로 녹화하여 신체의 사용 방식을 분석해 보았다. 그러자 이 같은 학생들은 말하는 사람의 눈을 바라본다, 적당히 고개를 끄덕인다, 몸을 말하는 사람을 향해 약간 앞으로 내민다, 이야기의 내용에 맞는 표정을 짓는다 등의 극히 기본적인 행동도 하지 못했다.

　그들은 스스로 고독하다고 생각하는 사람들인데, 그 이유 중의 하나는 남의 이야기를 들어주는 방식에 있었다. 들을 때 신체를 이용하는 데 미숙했기 때문에 친구들을 사귈 수 없었던 것이다.

그들뿐만 아니다. 몸을 효과적으로 이용하지 않은 까닭에 인간 관계가 깨진 사람들도 있다.

몸은 무의식적으로 움직일 때가 많다. 그 때문에 의식 하의 본심이 몸의 움직임으로 나타나게 된다. 말하는 사람이 자기보다 아래라고 생각하면 그것이 들어줄 때 몸의 움직임으로 표출된다. 얼굴도 들지 않고 부하의 이야기를 듣는 상사, 신문을 보면서 아내의 얘기를 듣는 남편, 된장국 뚝배기를 바라보며 아이의 얘기를 듣는 엄마. 이런 방식으로 듣는 사람들은 인간 관계를 깨뜨리고 만다.

듣는 것은 간단할지 모르지만 들어주는 일은 시간과 에너지가 필요하다.

말하면서 들어준다

이야기를 반사시킨다

사람에게 귀는 2개 있지만 입은 하나밖에 없다. 많은 얘기를 들어주고 말은 너무 많이 하지 말라는 뜻일 것이다. 고대 그리스의 철학자가 이렇게 말했다고 한다. 다른 사람의 이야기를 들어줄 때 쓸데없는 말을 해서 이야기를 방해하거나 화제를 빼앗지 않는다. 이것은 들어주는 사람의 가장 기본적인 행동이다.

그러나 이것을 모르는 척해서는 안 된다. 상대방의 눈을 지긋이 바라보며 입을 한일자로 굳게 다문 채 아무 말 없이 듣는 것은 좋은 방법이 아니다. 잘 들어주려면 입을 다물면 안 된다. 들어주는 사람도 소리를 내면서 들어야 한다.

이렇게 말하면 또 오해하여 자기 얘기를 해 버리는 사람이 있는데, 자기 얘기를 하면 안 된다. 상대방이 얘기한 것만 얘기하는 것이다. 그러기 위해서는 약간의 테크닉이 필요한데, 이 테크닉을 '반사'라고 한다. 보통 반사라고 하면 거울이나 물이 빛을 퉁겨서 보내는 것을 뜻하지만 대인 심리학에서는 들어주는 사람의 테크닉을 가리킨다. 먼저 그 구체적인 예를 살펴보자.

"제 생각에는 내년보다 올해 안에 하는 것이 좋을 것 같습니다."
"올해 안에……."

"네. 올해 안이라면 다른 회사는 아직 준비되지 않은 상태이기 때문에 우리 회사 제품이 틀림없이 주목받을 것입니다."

"아직 준비되지 않았다……."

"그렇습니다. 이런 컨셉은 아직 일반화되지 않았기 때문에 그 어느 곳에서도 제품화하지 못할 것입니다. 게다가 올해 안에 하면 우리 회사의 인원 배치에 큰 변경이 필요 없기 때문에 각 부서간 협조에도 좋을 것 같습니다."

"무리가 없는 방법이란 말이지?"

"네. 내년까지 기다리면 오히려 상황이 더 나빠져 다른 조건을 고려해야 할지도 모릅니다."

"그러니까 준비가 되어 있는 올해 안에 하는 것이 좋다는 말이로군."

위의 예는 상사와 부하의 대화인데, 상사의 발언에 주목할 필요가 있다. 상사는 '올해 안에……' '아직 준비되지 않았다……' 라고 부하가 한 말의 일부를 그대로 읊조릴 뿐이다. 이것이 바로 반사이다. 거울이 빛을 되돌려 보내듯 상대의 말을 그대로 되돌려 주는 것이다.

단, 이것은 단순히 앵무새처럼 읊조리는 정도를 벗어나지 않는 초급 수준의 반사이다. 이것을 자주 사용하면 안 된다. 중급 수준의 반사가 필요해진다.

중급 수준의 반사에서는 상대방이 말한 어구를 같은 의미의 다른 말로 바꾸어 상대방에게 되돌려 주는 방법이다. 위의 예에서는 부하의 발언을 상사가 '무리가 없는 방법이란 말이지?' 라고 말을 바꾸었다.

반사는 희로애락을 나타내는 말을 대상으로 하면 더 한층 효과가 있다. 기쁘다, 아깝다, 슬프다 같은 말들은 상대가 말하고 싶어하는 핵심이기 때문이다. 이 경우도 상대 어휘의 일부를 반복하는 것뿐 아니라 다른 말로 바꾸는 것도 필요하다.

"요즘 아무래도 김영철 씨가 저를 무시하고 있는 것 같습니다."
"무시한다……."
"그렇습니다. 제가 인사를 해도 받아 주지 않아 화가 납니다."
"그러면 화가 나지." (초급 수준)
"네. 같은 부서이니 얼굴을 안 볼 수도 없고, 정말 괴롭습니다."
"견디기 힘들겠군." (중급 수준)

정리한 다음 질문한다

상급 수준의 반사도 있다. 이것은 상대방 얘기의 내용을 요약하여 상대방에게 돌려주는 것이다. 기본형은 '그러니까 ~라는 말이로군' '그래서 ~된 것이군' 등이다. 앞의 대화를 예로 한다면 마지막의 '그러니까 준비가 되어 있는 올해 안에 하는 것이 좋다는 말이로군' 이 여기에 해당된다.

상급 수준의 반사는 상대방의 이야기를 진지하게 들어주고 요점을 파악하면서 비로소 가능해진다. 금방 할 수 있는 간단한 내용이 아니다. 연습이 필요하다.

반사를 3가지 수준으로 나누어 설명했지만, 실제 대화에서는 '그렇구나' '그래, 그래서' 같은 말들을 섞어 가면서 어구의 반복(초급 수준)이나 말의 전환(중급 수준)을 적절히 이용하여 상대방의 이야기가 일단락되는 시점에서 상급 수준의 반사를 사용하는 것이 좋다.

이 같은 반사 뒤에 상대 얘기와 관련된 질문을 하면 '좀더 듣고 싶다' 라는 이미지를 보낼 수 있다. 따라서 열린 질문을 하는 것이 좋다.

질문 형식은 두 가지로 크게 나눌 수 있는데, 닫힌 질문과 열린 질문이다.

닫힌 질문은 '일은 끝났어?' '어제 데이트 했어?' 처럼 질문을 받은 쪽이 기본적으로 '네, 아니오' 밖에 대답할 수 없는 질문이다. 이 질문 형식은 단시간에 정보를 얻는 데에는 유용하지만 말하는 사람에게 있어서는 심문 당하고 있다는 기분이 들기도 한다.

이에 비해 열린 질문이란 질문을 받은 쪽이 무엇을 답할지 스스로 결정할 수 있는 자유가 있는 질문 형식이다. 이런 의미에서 '열린' 질문이라고 한다. 구체적으로는 '왜?' '언제?' '어떤 식으로?' 등으로 시작되는 질문이다. 열린 질문은 이쪽이 상대방의 이야기를 적극적으로 들어주려 한다는 것을 전함으로써 이야기를 재촉할 수 있는 질문 형식이다.

말해도 괜찮지만 의견은 말하지 않는다

능숙한 반사나 열린 질문은 말하는 사람에게는 물론 듣는 자에게도 메리트가 있다. 말하는 사람은 반사나 열린 질문을 받게 되면 자기 얘기를 진지하게 들어주고 있다는 느낌을 받는다. 반사되어 오는 말은 비난이나 비판이 아니므로 이야기의 흐름을 방해하지 않고 기분 좋게 앞으로 나아갈 수 있다. 또 자기가 했던 말이 듣는 사람의 입에서 반복되기 때문에 객관적으로 자기를 관찰하게 됨으로써 말하는 중에 문제의 핵심을 스스로 깨닫는 경우도 있다.

한편 듣는 사람 입장에서는 이야기를 들어주고 있다는 메시지를 직접 말하지 않고도 전할 수 있다. 더구나 말하는 사람에게 자기만 일방적으로 떠들어대고 있다는 느낌을 주지 않는다. 들어주는 사람의 입에서도 여러 가지 말이 나오고 있기 때문이다. 실제로 듣는 사람은 자기의 의견이나 판단을 말하지 않는다. 상대방 얘기의 내용을 반복할 뿐이다.

이처럼 들어주는 역할에 철저하다는 것은 조용히 입을 다물고 있는 것이 아니다. 입을 부지런히 움직이며 반사나 열린 질문을 하는 것이다.

제5장

타인에게 뭔가를 부탁한다

부탁하여 상대방을 올려 준다

부탁할 때에는 이유를 댄다

당신이 복사기 앞에 서서 막 복사를 하려고 하는데 뒤에서 누군가 말을 걸어왔다고 하자.

"저, 5장밖에 안 되는데 제가 좀 먼저 하면 안 될까요?"

당신은 이 사람에게 순순히 순서를 양보할까.

미국의 한 연구자가 대학 도서관에 있는 복사기를 이용하여 실제로 시험해 보았는데, 42%의 사람들이 양보해 주었다고 한다.

남에게 뭔가를 부탁할 때 그냥 '부탁합니다' 라고만 하는 것은 가장 성의 없는 방식이다. 이렇게만 해도 부탁을 들어줄 수 있겠지만 다른 말을 덧붙일 필요가 있다.

그 하나는 의뢰에 동반되는 '조건' 을 명시하는 것이다. 앞의 예에서 말하자면 '5장밖에 안 되는데' 가 여기에 해당된다. 또 하나는 '이유' 의 명시이다. 부탁할 수밖에 없는 이유를 덧붙여 부탁하는 것이다.

조건이나 이유를 명시하면 부탁 받은 사람은 '그런 조건이라면' 혹은 '그 이유라면' 이라고 받아 주는 계기를 마련할 수 있다.

실제로 앞의 실험에서 "저― 5장밖에 안 되는데요, 급해서 그러는데 복사 좀 먼저 하면 안 될까요?"라고 급하다는 이유를 덧붙인 경우, 양보해 준 사람은 68%까지 올라갔다.

이 실험에서는 이유 등을 덧붙인 경우도 시도되었다. 그 부탁 방법은 "저— 5장밖에 안 되는데요, 꼭 복사해야 하니까 먼저 복사하면 안 될까요?"라는 식이었다. 이 방법은 '~하니까'라고 어떤 이유를 붙였는데, 잘 생각해 보면 이유가 되지 않는 내용이다. 의미적으로는 의뢰 내용만을 반복했을 뿐이다. 그래도 59%가 양보해 주었다.

이들 실험 결과를 통해 어떤 부탁을 할 때에는 이유의 말을 덧붙이면 좋다는 사실을 알 수 있었다. 또 그 이유가 경우에 따라서는 잘 정리된 이유가 아니어도 괜찮았다. "일손이 좀 필요한데 좀 도와주시겠습니까?" 혹은 "돈을 빌리고 싶은데 돈 좀 빌려주시겠습니까?"라고만 해도 이유처럼 들리면, 이유를 붙이지 않았을 때보다 수용될 확률이 훨씬 높았다.

부탁 받는 것을 좋아한다

인간은 혼자서는 살 수 없다. 살아 있는 한 누군가에게 뭔가를 부탁하지 않을 수 없다. 하지만 남에게 머리를 조아리는 것은 싫다, 내키지 않는다는 사람도 많은 것이 사실이다.

왜 내키지 않는 것일까.

그것은 뭔가를 부탁하면 상대방은 이쪽을 위해 어떤 노력이나 시간, 돈을 빌리지 않을 수 없다. 상대방이 지불해야 하는 이 비용들이 신경 쓰여 마음이 불편하거나 미안한 생각이 들기 때문이다.

또 이 생각은 상대방에 대한 부채를 발생시킨다. 상대에게 빚을 졌다는 생각이다. 빚은 반드시 갚아야 하는 것이다. 빚이 있는 상대에게는 고개를 들 수 없게 된다. 따라서 빚을 지는 것만큼은 피하고 싶다는 생각을 하게 된다.

그러나 상대방과 친해지기 원한다면 전혀 반대되는 발상도 필요하다. '부탁해 준다' 는 발상이다.

이렇듯 뭔가를 부탁하는 것은 힘든 일인데, 그렇다면 부탁을 받은 쪽은 어떨까. 분명히 부탁을 들어주려면 시간이나 노력을 들여야 하지만 부탁을 들어주면 상대에게 빚을 주는 것이다. 빚을 주면 유사시에는 거꾸로 도움을 받을 수도 있다. 무엇보다도 다름 아닌 내가 다른 사람의 부탁을 받았다는 사실은 자부심을 갖게 만드는 일이다.

이것을 증명하는 실험이 있다.

이 실험에서는 학습에 관한 실험이라고 하며 참가자들에게 몇 가지 문제를 풀게 했다. 정답을 맞출 때마다 돈을 주어 참가자가 최종적으로 일정 금액을 손에 쥐었을 때 표면상의 실험을 종료시켰다. 하지만 여기에서부터 진짜 실험이 시작되었다. 참가자에게 그 돈을 돌려주었으면 좋겠다고 부탁하는 것이다.

참가자의 1/3에게는 실험자가 직접 '실험 자금이 모자라서 그러는데 돈을 돌려줄 수 없겠습니까?' 라고 부탁했다. 다른 1/3의 사람들에게는 대학의 사무직원이 같은 부탁을 했다. 나머지 사람들에게는 부탁하지 않았다.

실험 마지막으로 참가자에게 앙케트를 실시했는데, 그 중에 실험자에 대한 호감도를 묻는 항목을 넣어 두었다. 이 항목을 분석해 보았더니 실험자에 대한 호감도는 실험자가 직접 부탁한 그룹에서 가장 높았다.

다음 실험에서는 참가자가 돌려주어야 할 금액을 높여 보았다. 그래도 실험 결과는 마찬가지였다. 실험자가 직접 부탁했을 때에는 실험자에 대한 호감도가 더 높아졌다. 더구나 앞의 실험보다 더 높은 호감도를 얻었다.

은혜를 빨리 갚는 것은 배은망덕(?)

그렇다면 이 실험에 참가한 사람들 중에서 어느 그룹 사람들이 금전상 이득을 얻었을까. 답은 명백하다. 그러나 호감도는 돈의 득실과는 상관없는 것이었다. 부탁을 받지 않고 득을 얻은 사람보다 부탁을 받고 손해를 본 사람 쪽이, 더구나 적은 금액보다 많은 금액을 돌려 달라는 부탁을 받은 사람 쪽이 실험자에 대한 호감을 더 느꼈던 것이다.

타인의 호감을 얻기 쉬운 방법은 상대에게 뭔가를 해 주는 것이다. 이것은 상식이다. 그러나 상대로부터 뭔가를 받아도 호감을 얻을 수 있다.

공원에 있는 시소를 생각해 보기 바란다. 각각의 끝에 사람이 타서 수평을 이룬다. 이 때 한쪽 사람이 부탁을 한다. 상대로부터 뭔가를 얻게 된다. 그러면 상대로부터 얻는 것만큼 무거워져 시소는 기울면서 아래로 내려간다. 한편 부탁을 받은 쪽은 뭔가를 준 것만큼 손해를 보아 가벼워지지만 상대와의 관계에서는 위에 서게 되어 부탁한 쪽을 내려다보게 된다. 부탁을 받은 쪽은 상대보다 높은 위치를 나쁘게 생각하지 않는다. 이 같은 위치를 부여해 준 상대방을 좋게 생각하는 것이다.

뭔가 부탁한다는 것은 내키지 않는 일이지만 상대방의 체면을 세워 주는 수단이 되기도 한다. 상대방의 체면을 세워 주려면 부탁을 해 보는 것도 한 방법이다. 단 체면을 세워 주는 것이 목적이라면 상대가 들어줄 수 있을 정도의 부탁이어야 한다. 무리한 일을 부탁하면 역효과를 낼 수도 있기 때문이다.

또 부탁할 때의 타이밍, 부탁할 때 이야기를 끌고 나가는 방법, 표정이나 음성의 표현 방법 등에도 주의할 필요가 있다. 앞에서 말했듯이 부탁의 이유를 덧붙이는 것도 잊어서는 안 된다.

또한 부탁을 들어주었다 하더라도 바로 갚아서는 안 된다. 가능한 빨리 갚아야겠다고 생각하는 것이 일반적이지만 서둘러 갚아 버리면 상대를 높은 위치에서 빨리 끌어내리는 꼴이 되고 만다. 어느 정도는 상대방을 높은 위치에 그대로 둔 채 기다리는 것도 예의에 속한다.

부탁은 두 단계로 한다

선한 사람의 체험담

몇 년 전, 캐나다의 작은 거리를 걸어가고 있을 때의 일이다. 옷차림이 단정한 소년이 다가오더니 "지금 몇 시예요?"라고 시간을 물었다. 내가 몇 시라고 대답해 주자 그 소년은 공손하게 인사를 한 다음 "액수는 얼마든지 상관없으니까 돈 좀 주시겠어요?"라고 하는 것이었다. 의외의 말에 한순간 망설였지만 결국 주머니에 있던 동전을 2, 3개 건네주었다.

또 한 가지 체험담. 어느 날 연구실에 젊은 여성이 찾아왔다. 보험회사 설계사였기 때문에 실적을 올리려는 것이었다. 그런데 "5분만 간단한 앙케트에 응해 주시겠어요?"라고 살짝 웃는 것이었다. 선선하게 그러자고 했더니 "어떤 색을 좋아하세요?" "별자리는 뭐죠?" 등등 주변적인 질문들을 해 왔다. 거기에 대답해 주자 그녀는 "지금 이런 캠페인을 하고 있는데요"라며 팜플렛을 꺼내 들었다. 나는 그 팜플렛을 손에 들고 그녀의 설명을 놀랍게도 30분이나 듣고 있었다.

이 두 가지 체험담에 있어서의 공통점은 무엇일까.

당신이 얼마나 착한 사람인지 알 수 있었다는 말을 할지 모르지만, 나는 원래 잘 모르는 사람에게 돈을 내줄 정도로 착한 사람도 아니며 보험 권유를 30분이나 들어줄 만큼 한가하지도 않았다.

그런데도 왜 나는 이런 반응을 보이고 말았을까?

그것은 이 체험담에 등장하는 두 사람이 의도했는지는 잘 모르겠지만, 어쨌든 의뢰의 특별한 테크닉을 이용했기 때문이다.

작은 것에서 큰 것으로

남에게 뭔가를 부탁할 때, 부탁하고자 하는 바를 솔직하게 그대로 말하는 것이 가장 상식적인 의뢰 방법이다. 사소한 일을 부탁하거나 상대가 거절하지 않을 것으로 예상되는 경우라면 상관없다. 그러나 쉽게 받아들여지지 않을 것 같거나 처음 만나는 사람에게 부탁할 때에는 단순히 솔직하게 부탁하는 것만으로는 거절당할지도 모른다. 나름대로의 테크닉이 필요한 것이다.

대인 심리학은 이 같은 의뢰의 테크닉을 연구해 왔는데, 앞의 체험담에 등장했던 두 사람이 이용한 것은 '단계적 요청법'이라는 테크닉이다.

이 테크닉에서는 먼저 비교적 작은 부탁을 하여 상대방의 경계심을 풀게 한 다음, 비로소 진짜 부탁을 한다. 작은 것에서 큰 것으로 2단계를 밟아 부탁하는 것이다. 이런 요청법을 활용하면 처음부터 진짜 부탁을 하는 것보다 상대에게 받아들여질 가능성이 높아진다. 어느 실험에서는 2배 이상이나 높아졌다는 보고가 있다.

나 같은 경우도 갑자기 '돈 좀 주세요' 혹은 '보험에 대해 들어보실래요?'라는 말을 들었다면 단호하게 거절했을 것이다.

그렇다면 왜 이 단계적인 요청법이 효과적일까?

갑작스럽게 부탁을 하면 경계하게 되지만 작은 부탁으로 익숙하게 만들면 경계를 푼다. 작은 부탁은 상대의 경계심이나 딱딱한 태도를 풀어 주는 역할을 한다. 이 같은 이유들이 가장 먼저 떠오른다. 이것도 분명 일리 있는 말이기는 하지만 실은 좀더 깊은 이유가 있다. 그 이유를 밝힌 다음과 같은 실험이 있다.

이 실험에서는 호별로 방문해서 주부들에게 '청량 음료수에 관한 150개 항목의 앙케트에 답해 주십시오' 라고 부탁했다. 150개 항목이나 되는 대량 질문이다. 부탁을 받은 주부들 중 55%는 거부하였고 45%가 승낙했다.

다른 주부들에게는 이 부탁을 하기 일주일 전에 '5개의 간단한 질문에 답해 주십시오' 라는 작은 부탁을 해 두었다. 그 후에 앞의 150개 항목의 앙케트를 부탁했더니 그 82%가 승낙했다.

여기까지의 결과에서는 처음에 작은 부탁을 해 두면 유효하다는 것을 재삼 확인할 수 있었는데, 이 실험에서는 또 몇 가지 조건 설정을 바꾸어 다음의 두 가지 점을 밝혀 냈다.

자기 이미지를 바꾼다

그 하나는 작은 부탁을 하는 사람과 나중에 진짜 부탁을 하는 사람이 같은 인물이 아니어도 상관없었다는 것이다. 동일 인물이 두 가지 부탁을 하는 경우는 71%, 다른 인물이 한 경우는 85%로, 오히려 다른 사람이 부탁한 편이 더 높은 승낙률을 보였다.

나머지 한 가지는 작은 부탁이 진짜 부탁과 내용이 달라도 상관

없다는 것이다. '5가지 질문에 답해 주십시오'라고 하는 대신 '음료수의 표시와 내용물을 확인하라고 씌어 있는 스티커를 주방에 붙여 주십시오'라고 부탁한 경우에도 여기에 따랐던 주부들 중 75%는 귀찮은 앙케트를 받아들였다.

즉 최초의 부탁과 나중의 부탁에서 부탁한 인물이 다르거나 의뢰 내용이 다르더라도 효과가 있다는 것이다. 이 같은 결과로 볼 때, 최초의 작은 부탁은 단순히 경계심을 푸는 것뿐 아니라 이것을 받아들인 사람의 내부에 변화를 가져다 준 것으로 볼 수 있다.

그 변화란 자기 이미지의 변화이다.

작은 부탁을 받아들인 사람은 자기에 대해 '부탁을 들어주는 나'라는 자기 이미지를 만들고 만다. 일단 자기 자신을 이렇게 규정하면 부탁 받은 것에 대한 저항감이 줄어든다. 또 남에게는 자기 이미지와 일치되도록 행동하는 경향이 있기 때문에 자기 이미지에 맞춰 큰 부탁도 들어주는 것이다.

요컨대 이 요청법은 작은 일을 부탁하여 '부탁을 들어주는 나'라는 이미지를 상대에게 만들어 주는 것이 포인트다. 이 때문에 일부러 2단계로 나누어 부탁을 하는 것이다.

느닷없이 큰 부탁을 하게 되면 상대방의 저항을 불러일으킬 뿐 아니라 부탁하는 쪽에도 저항이 있다. 처음에 작은 부탁을 하는 것은 부탁하는 사람으로서는 준비운동이 되기도 하기 때문이다.

이 테크닉은 상대가 초면일 때 특히 더 유효하다. 상대의 얼굴도 모른다면 평소부터 작은 일들을 자잘하게 부탁해 두는 것이 좋다.

😟 거절당한 다음 부탁한다

일부러 거절당한다

어떤 사람에게 '1시간만 비워 주십시오' 라고 부탁한다고 하자. 1시간의 확보가 중요하다고 가정하고 당신이라면 어떤 방법으로 부탁할 것인가?

'제발 1시간만 비워 주십시오' 라고 그저 읊조리기만 한다. 또는 '이 1시간만큼은 도저히 양보할 수 없습니다' 는 식으로 열의를 가지고 밀어붙인다. 그 어떤 방법으로 부탁하든지 간에 상대에게 거절당하지 않도록 하는 것이 상식적인 부탁 방법이다.

하지만 부탁의 테크닉 중에는 상대에게 일부러 거절당한 다음 이쪽의 요구를 들어주게 하는 방법도 있다. 거절당한 다음 들어주게 한다고 하면 황당무계하게 들릴지 모르겠지만 이것은 먼저 진짜 목적보다도 큰 부탁을 하여 상대에게 일단 거부당한 다음에 진짜 부탁을 하는 방법이다.

앞의 예로써 말하자면 먼저 '2시간만 비워 주십시오' 라는 상대에게 일부러 무리한 부탁을 하여 상대에게 '그렇게 긴 시간은 비울 수 없다' 라고 거절당한 다음, '그럼 1시간은 어떻습니까?' 라고 딱 잘라 말하는 방법이다.

이 의뢰 방법이 상대의 승낙을 효과적으로 이끌어 낸다는 사실은 다음과 같은 실험에서 확인할 수 있다.

이 실험에서는 먼저 대학 구내를 걷고 있는 학생을 불러 세워 '한 번만 2시간 정도 비행 청소년들을 동물원에 데리고 가는 봉사 활동에 참가하지 않겠는가'라는 부탁을 했다. 승낙해 준 것은 17%였다. 하지만 '적어도 2년 동안 일주일에 2시간, 비행 청소년들의 상담역 봉사 활동에 참가하지 않겠는가'라고 엄청난 부탁을 하여 일단 거절당한 다음 '그러면 한 번만 2시간 정도……'라고 앞의 내용과 같은 부탁을 했을 때 50%가 승낙했다. 승낙률이 3배로 껑충 뛰어올랐다.

이 의뢰법을 벌써 실행하고 있는 사람이 있을지도 모르겠다. 예를 들면 가격 흥정에서 10% 정도 깎기를 원한다면 처음에는 20%를 깎아 달라고 해서 상대에게 거부당한 다음에 비로소 10%만 깎아 달라고 하는 사람, 혹은 부하에게 생산량 100을 달성하게 하려면 처음에는 생산량을 150이라고 선언하여 도저히 안 되겠다는 말을 들은 다음 슬쩍 100으로 양보해 주는 척하는 상사이다.

이처럼 이 방법을 잘 활용하고 있는 사람들도 의외로 이것이 왜 효과적인지는 잘 모르는 경우가 많다.

마음의 부채를 줄이고 싶어한다

메일을 받으면 답장을 보내고, 선물을 받으면 선물을 사서 화답하며, 이번에 얻어먹었으면 다음에는 내가 한턱 내야 하고, 친절하게 해 준 사람에게는 친절로 화답하려고 한다.

우리는 남들로부터 뭔가를 받은 상태 그대로는 왠지 찜찜한 느낌을 갖게 된다. 마치 빚을 지고 있는 것 같은 느낌이다. 대인 심리학에서는 이것을 심리적 부채라고 하는데, 이 마음의 부채를 줄이기 위해 우리는 어떻게든 이를 빨리 갚으려고 한다.

빨리 돌려주고 싶어하는 이 마음을 교묘하게 이용한 판매 방법이 있다. 백화점의 화장품 매장에서 무료로 메이크업을 해 준다, 상품을 일정 기간 무료로 사용하게 해 준다, 무료로 이사 비용 견적을 내 준다 등등의 방법이다. 이 판매 방법들의 공통점은 손님에게 무료로 서비스나 물건을 제공한다는 점이다.

무료로 물건을 제공하여 손님이 득을 보았다는 생각을 하게 함으로써 실은 심리적인 부채를 떠 안기는 것이다. 손님이 자신의 부채를 줄이고 싶어할 즈음, 판매원이 재빨리 다가와서 '이거 사지 않으실래요?' 라고 하면 손님은 빨리 갚으려는 생각에 사 버리고 마는 것이다.

이와 같은 판매 방법의 응용편이 앞의 거절당하고 나서 받아들여지는 의뢰법이다.

우선은 상대에게 불가능한 요구를 일부러 꺼냄으로써 거절하게 한다. 이쪽은 그 거부를 받아들여 양보하는 척한다. 이에 따라 상대방으로 하여금 조건을 철회당한 빚이 있다는 심리적 부채를 느끼게 함으로써 그것을 빨리 갚아야 한다고 느끼게 하는 것이다. 거기에 진짜 요구를 들이민다. 그러면 상대방은 '다음은 내가 양보할 차례' 라는 생각에 이쪽의 요구를 들어주는 것이다. 이것은 처음에는 이쪽이 양보하는 척하면서 상대방의 양보를 유도하기 때문에 양보적 요청법이라고 한다. 양보적 요청법의 효과를 높이는 조건에는 다음 두 가지가 있다.

　첫 번째는 거부당하는 부탁과 다음에 내놓을 진짜 부탁의 시간적 간격을 두지 말아야 한다는 것이다. 시간이 지나면 부채감이나 갚아야 한다는 의무감이 약해지기 때문이다. 이러한 감각들이 남아 있는 동안 재빨리 진짜 부탁을 해야 한다.

　두 번째는 거부당하는 최초의 부탁이 너무 크지 않아야 한다. 비현실적인 부탁이면 거부하는 것이 심리적인 부채가 되기는커녕 갚아야 할 의무감도 생기지 않는다. 최초의 부탁은 그저 날려보내는 것이 목적이 아니라 상대에게 갚아야 한다는 의무감을 느끼게 하는 것이 목적임을 잊어서는 안 된다.

만족하여 책임감까지 느낀다

양보적 요청법은 상대에게 심리적 부채를 지움으로써 효과를 발휘하는 것인데, 이 방법에는 또 하나의 원리가 작용하고 있다. 대비 효과가 그것이다.

　우수한 점원은 예를 들면 3만 원짜리 상품을 손님에게 권한 다음 5만 원짜리 상품을 권하지 않고 7만 원짜리 다음에 5만 원짜리를 권한다고 한다. 그렇게 하면 같은 5만 원이라도 싼 것처럼 느끼게 되기 때문이다. 이와 마찬가지로 거부당하기 위해 내놓은 커다란 조건은 대비 효과에 의해 진짜 요구를 작게 느끼게 한다. 1시간만 비워 달라고 할 때, 처음에 2시간이라고 해 두면 갑자기 1시간이라고 하는 것보다 짧은 것처럼 느끼게 할 수 있다.

더더욱 놀라운 일은 이 요청법이 경우에 따라서는 상대방에게 만족감과 책임감을 부여하기도 한다는 점이다. 상대방이 자신의 교섭을 통해 큰 조건을 작은 조건으로 만들었다고 믿기 때문이다.

예를 들면 생산량을 150으로 맞추라는 명령을, 교섭을 통해 100으로 승인 받았다며 만족하는 것이다. 게다가 이것을 승인 받게 한 것은 바로 나 자신이라는 생각 때문에 생산량 100에 대한 책임감까지 느낀다. 교섭 결과에 만족하고, 그 결과에 책임감까지 느끼는 사람은 그것이 미리 결정되어 있었다는 사실은 전혀 알아차리지 못한다. 알아차리지 못하는 것뿐만 아니라 만족과 책임감마저 느낀다. 따라서 교섭 결과를 차질 없이 실행하기 위해 노력한다.

제6장

다른 사람을 설득한다

희소 가치를 높인다

수량도 시간도 적다

자본주의 사회에서 우리는 매일 광고의 홍수 속에 살고 있다. 텔레비전이나 라디오의 상업 광고, 신문이나 잡지의 광고 기사, 다이렉트 메일이나 전화를 이용한 권유들이다.

  이 광고들 중에 가장 자주 볼 수 있는 카피로, 상품의 수가 한정되어 있음을 강조하는 것이 있다. 100개 한정, 마지막 10봉지, 선착순 20명까지 등등 손쉽게 그 예를 들 수 있다.

  이와 같이 '수가 적다' '수가 한정되어 있다' 라는 내용이 포함된 메시지를 수량 한정 메시지라고 한다.

  또 이것을 약간 변형한 것이 시간이 없다는 사실을 강조하는 '시간 제한 메시지' 이다. 예를 들면 이번 토요일, 일요일뿐, 마감 임박, 이번 기회가 마지막이다 등등. 수량 한정과 시간 제한을 함께 활용한 광고는 '선착순 20명까지. 품절이 되는 대로 마감하도록 하겠습니다. 지금 바로 신청해 주십시오' 라는 식의 광고이다.

  수량 한정이나 시간 제한은 '수가 적다' '시간이 없다' 는 말만 하면 되니까 테크닉으로서는 단순하다. 그래도 확실한 효력을 발휘함으로써 옛날부터 여러 상품의 광고에 활용되어 왔다. 이 테크닉은 물건을 팔 때뿐 아니라 자기 자신을 팔 때, 또 다른 사람을 설득할 때에도 활용할 수 있다.

많지 않기 때문에 갖고 싶어한다

비즈니스의 철칙은 가능한 많이 파는 것이다. 그럼에도 불구하고 수량 한정, 시간 제한 메시지는 일부러 수가 적다, 시간이 없다는 것을 강조한다. 생각해 보면 이상한 일이다. 수량 한정은 단순한 테크닉이지만 이것이 가져오는 효과는 의외로 단순하지 않다. 적어도 3가지 효과가 있다.

첫 번째는 희소 가치를 낳는 효과이다. '20세트만' 혹은 '이번뿐'이라고 함으로써 원래 물건의 가치에 수가 적다는 가치, 즉 희소가치를 플러스할 수 있는 것이다. 수가 적은 물건은 수요와 공급의 법칙에 따라 인기가 있다, 대량으로 만들지 못한다, 구하기 어렵다 등등을 의미하는 경우가 많다. 따라서 조금밖에 없다고 하면 희소 가치가 있는 것으로 오해하기 쉽다.

이를 증명하는 실험으로 참가자에게 쿠키를 먹게 한 다음 그 맛을 평가하게 한 적이 있다.

참가자들 중 반수에게는 쿠키가 10개 들어 있는 병 속에서 하나를 꺼내어 맛을 보게 했고, 나머지 참가자들에게는 2개밖에 들어 있지 않은 병에서 1개를 꺼내게 했다. 같은 쿠키였지만 이 차이만으로도 2개 중 1개를 먹은 참가자 쪽이 '나중에도 먹고 싶을 것 같다' '상품으로서 매력적'이라고 평가했다.

두 번째는 경쟁을 부추기는 효과이다. 물건에 대한 욕구는 그것을 손에 넣기 위해 경쟁할 때 가장 강해진다. 수가 적다는 것은 우물쭈물하다가는 다른 사람에게 빼앗길지도 모른다는 메시지를 보냄으로써 경쟁을 부추기는 것이다.

　인터넷 경매 중에 다른 사람과 경쟁하다가 예정 가격보다 훨씬 높은 값을 불러 버린 적이 있을 것이다. 또 바겐세일에 몰려가는 쇼핑객들을 보고 자기도 모르게 세일 물건을 사 버린 적도 있을 것이다. 별다른 매력을 느끼지 못했던 남성이 라이벌의 출현으로 갑자기 매력적으로 보이기 시작한 경험도 물론 있을 것이다.

　이와 같은 현상은 모두 경쟁이 물건이나 이성에 대한 욕구를 강화시킨 결과로 나타나는 것이다.

　세 번째는 자유롭지 못한 감각을 낳는 효과이다. 수나 시간이 적다는 것은 자유가 적다는 것을 의미한다. 내가 편한 시간에 원하는 수량만큼 손에 넣을 수 없다는 것이다. 선택의 폭이나 행동이 제한된다. 이렇게 자유롭지 못한 상태에서 벗어나기 위해서는 그 물건을 손에 넣을 수밖에 없다. 이러한 부자유는 그 물건을 손에 넣고자 하는 욕구를 강화시키는 것이다.

충분한 정보를 제공하지 않는다

다시 말하자면 다른 사람을 설득할 때 조금밖에 없다거나 시간이 없다는 것을 덧붙이면 물건의 희소 가치를 높여 상대의 경쟁심과 욕구를 높일 수 있다는 것이다.

　이것은 정보에 있어서도 그대로 적용된다. 자기가 가지고 있는 정보는 많으면 많을수록 좋지만 설득하고자 하는 상대에게 제공되는 정보는 적을수록 좋다.

정보에 관한 연구에서 밝혀 낸 바에 따르면, 어떤 정보에 관해 충분히 알 수 있는 방법을 차단하면 두 가지 효과가 나타났다. 그 하나는 정보량이 적으면 좀더 알고자 하는 욕구가 강해진다. 이것은 이미 논해 왔던 물건의 경우와 마찬가지이다.

중요한 것은 두 번째 효과이다. 정보량이 적으면 정보 내용을 충분히 알고 있을 때보다 그 정보 내용을 더 신뢰하게 된다는 것이다. 정보가 불충분하면 그 부족 부분은 스스로 상상하거나 조사를 통해 보완할 수밖에 없다. 보완하는 동안 정보 내용을 진짜처럼 믿고 마는 것이다.

전철 안에 있는 주간지 광고가 그 속의 진짜 내용보다 설득력을 지니는 것도 모두 이 때문이다.

이 원리를 응용하고자 한다면 설득하려는 상대에게 충분한 정보를 주지 않아야 한다. 이렇게 하면 상대는 정보의 결여가 가져오는 '좀더 알고 싶다' 라는 욕구에 휘말려 이쪽의 얘기를 더 진지하게 듣게 된다. 또 불충분한 부분은 자기가 보충하면서 결과적으로는 이쪽의 말을 신뢰하게 된다.

나도 학생들에게 가끔 이 원리를 응용한다. 조금만 가르쳐 주면 학생들은 내 강의를 더 열심히 들으려고 노력하며, 충분치 못한 정보는 미리 알아서 공부해 온다.

교육은 설득의 일종으로서 조금만 가르치는 것이 중요하다.

신뢰도를 높여 설득한다

불안하게 함으로써 설득한다

15년 전쯤 운전면허증을 갱신하러 가서 영화를 보게 되었다. 자동차 창으로 왼쪽 팔을 내놓은 채 한 손으로 운전하던 택시 운전사가 앞에서 마주 오던 차에게 왼쪽 팔을 치이고 마는 충격적인 내용이었다. 실사 필름을 편집해 넣은 리얼한 영화였기 때문에 지금도 내 머릿속에 영상의 일부가 강하게 남아 있다.

이 영화는 운전자에게 안전 운전을 호소하기 위한 것이었지만, 이처럼 공포심이나 불안감을 불러일으킴으로써 설득하는 수법은 일상적으로 자주 이용되고 있다.

텔레비전 광고에서 흔들거리는 치아 모형을 보여 준 다음 칫솔이나 치약을 판다. 사고나 재해 사진을 보여 주면서 생명보험에 가입할 것을 권한다. 조상이나 자손들의 무사 안녕을 강조하며 종교를 믿으라고 한다.

요즘 극성을 부리고 있는 흰개미 떼의 공격으로 망가진 어떤 집 사진을 들고, 흰개미를 구제해 준다는 영업사원이 우리 집에 찾아온 적도 있다.

이 수법이 효과적으로 보이는 이유는 1단계에서 공포와 불안을 부추긴 다음 2단계에서 이렇게 하면 그 공포와 불안이 없어진다고 마치 어드바이스라도 해 주는 것처럼 설득할 수 있기 때문이다. 갑자기 찾아와 뭔가를 설득하려 하지만 들어줄 마음이 없는 상대에게 공포와 불안을 느끼게 함으로써 들을 준비를 하게 한다. 이런 상태에서 설득하는 것이기 때문에 설득 내용이 일종의 구원으로 작용함으로써 상대의 마음을 움직이는 것이다.

단, 지금까지의 실험 결과에서 보면 공포심이 너무 강하면 오히려 설득력이 약해진다는 것을 알 수 있었다. 강한 공포심을 불러일으키면 이를 완화시키기 위해 '나와는 상관없는 일' '실제로는 대수롭지 않은 일' 등으로 설득 내용을 지워 버리려는 마음이 움직이기 때문이다. 설득 효과를 높이기 위해서는 구체적인 공포보다 막연한 불안 쪽이 더 효과적이라는 연구자도 있다.

그 때문인지 올해 운전면허증을 갱신하러 갔을 때 보여 준 영화는 표현이 좀더 완화되어, 교통 사고를 일으키면 정말 패가 망신할 수 있겠구나 하는 불안감을 느끼게 하는 것이었다.

신뢰성을 높인다

공포든 불안이든 상대방을 부정적인 감정 상태로 몰아간 다음 설득하는 것은 그리 기분 좋은 테크닉은 아니다. 상대를 비하시키는 조작이 들어가 있기 때문이다.

이에 비해 자신을 높이는 조작을 함으로써 설득력을 높이는 테크닉이 있다. 신뢰성을 높이는 것이다. 상대에게 '이 사람이 하는 말이니까 사실일 것' 이라는 생각을 하게 함으로써 설득하는 방법이다.

신뢰성을 높이는 가장 손쉬운 방법은 전문성을 높이는 것이다. 전문성을 높임으로써 설득 효과가 달라진다는 사실을 증명한 실험이 있다.

비타민 C는 암 발생을 억제하니까 매일 비타민 C를 섭취하라고 설득할 때, 한쪽 사람들에게는 이것은 의학 전문지에 실린 기사라고 높은 전문성을 암시하였고, 다른 사람들에게는 이것은 대중 월간지에 실린 기사라고 낮은 전문성을 암시했다. 그 결과 보도 내용은 똑같았지만 전문성이 높은 그룹은 낮은 그룹의 3배나 많은 사람들을 설득할 수 있었다.

텔레비전 광고에서 약이나 식품 선전에 흰옷을 입은 의사나 박사, 그 분야의 전문가가 나오는 것도 전문성을 높이려는 의도 때문이다. 같은 광고 문구라도 전문가가 말하면 신뢰성이 높아진다.

전문성이 설득력을 높이는 것은 정보 내용에 신뢰가 더해지기 때문이다. 거꾸로 전문성이 낮으면 정보 내용에서 그만큼 마이너스되고 만다.

따라서 다른 사람을 설득하려면 설득 내용에 관한 전문적인 지식을 가지는 것이 좋다. 전문적인 지식이라 하더라도 책이나 미디어에서 얻는 지식만을 뜻하는 것이 아니다. 경험을 통해 축적한 요점이나 방법, 지혜 등을 포함한다. 자료나 데이터, 수치 등을 나타내는 것도 효과적이다. 전문 용어를 사용하거나 설득 내용을 단적으로 나타내는 키워드나 캐치프레이즈를 사용하는 것도 아주 효과적이다(이 책에서도 내용의 신뢰성을 높이기 위해 심리학적 용어를 자주 사용하고 있음).

일부러 마이너스적인 측면도 말한다

상대를 설득하려고 할 때 자칫 좋은 면이나 낙관적인 전망만을 강조하는 경우가 있다. 그러나 플러스적인 면만을 강조한 설득은 오히려 신뢰성을 낮춘다. 설득당하는 사람은 속으로 '그렇게 멋진 얘기가 있을 리 없어'라고 반박하면서 이야기를 듣고 있기 때문이다. 이렇게 되면 설득하면 할수록 상대는 오히려 더 두터운 심리적인 벽을 만들고 만다.

이런 벽을 만들지 않게 하기 위해서는 설득 내용의 마이너스적인 측면도 감추지 않고 말하는 양면적인 설득을 하는 것이 좋다.

예를 들면 인터넷 쇼핑에 대해 '집에 편히 앉아서 수많은 상품들을 비교할 수 있기 때문에 많은 시간을 절약할 수 있다'라고 한쪽 면만을 말하기보다 '실물을 손에 들고 확인할 수 없기 때문에 그 점은 걱정될지도 모르겠습니다만'이라고 마이너스적인 측면을 말하는 것이 신뢰성을 높인다. 특히 상대가 다음의 두 가지 조건에 해당되는 경우에는 양면적인 설득이 유효하다.

첫 번째는 상대가 나와 틀림없이 반대되는 입장이나 의견을 가지고 있는 경우이다. 이 상대는 내가 말하는 것을 처음부터 의심하거나 부정적으로 파악하려고 한다.

두 번째는 상대가 설득 내용에 대해 많은 지식이나 정보를 가지고 있는 경우이다. 이 상대는 풍부한 지식과 정보로 이쪽이 하는 말에 반론을 펼친다.

이 같은 상대를 설득할 때 마이너스적인 측면을 얘기하면 이쪽이 상대에게 양보할 자세임을 나타내는 효과가 있어, 상대의 반론하고자 하는 마음을 억제시킴으로써 이쪽의 설득을 받아들일 여지를 만들게 된다.

또한 양면적인 방법으로 설득당한 사람은 나중에 원래의 의견으로 돌아가는 경우가 적다는 실증 데이터도 있다. 처음으로 마이너스적인 측면에 대해 들었기 때문에 나중에라도 '아니, 좀더 기다려. 저렇게 말하지만……' 이라고 생각함으로써 반론을 떠올리는 경우가 적기 때문이다.

또 상대가 이쪽에게 호의적이었다거나 이쪽에 가까운 의견이나 태도일 때, 또는 설득 내용에 관한 지식이나 정보가 거의 없을 때에는 일방적인 방법이 더 효과적이다. 이럴 때에는 자신감을 가지고 플러스적인 측면을 강조한다.

설득하지 않는 척한다

영업사원의 핸디캡

영업사원은 정말 힘들다. 살 생각이 없는 사람에게 물건을 팔아야 한다. 그들은 설득이라는 행위를 매일 실천하고 있지만 설득이 쉽지 않다는 것을 매일 실감하는 사람들이기도 하다.

일반적으로 설득당하는 쪽은 설득자가 어떤 목적으로 자기를 설득하려고 하는지에 대해 생각하게 된다. 사리사욕 때문에 설득하려는 것은 아닐까 항상 의심하게 마련이다. 이 의구심 때문에 처음부터 이야기를 들으려고도 하지 않는 경우도 있다. 듣기는 해도 설명 내용을 끊임없이 의심하면서 모순을 찾아내거나 꼬투리를 잡기도 한다. 때로는 설득 내용이 왜곡되어 받아들여짐으로써 이야기를 들으면 오히려 설득과는 반대 방향의 결론을 얻는 경우도 있다.

충치 예방을 위해 식후 3분 이내에 양치질을 하자는 설득이 있었다고 하자. 보건소 직원이 이를 주장한다면 설득당하는 쪽은 설득자의 이익과는 전혀 상관없다는 사실을 염두에 두면서 귀를 기울인다. 하지만 칫솔 등을 파는 회사의 영업사원이 이것을 주장한다면 영업 활동으로 판단한다. 설득 내용에 대해서는 들을 생각도 없으며 의식 속에서 문전 박대하고 만다.

상품을 살까 말까 망설이는 소비자라면 적어도 문전 박대는 하지 않으며, 영업사원의 이야기에 귀를 기울일 것이다. 다만 이 경우에도 영업사원이 열심히 설득하면 할수록 소비자는 그 설득 내용과 영업사원의 이익 관계를 의식하게 된다. '저렇게 열심히 떠드는 건 결국 영업적인 이익을 얻기 위해서야' 라고.

영업사원이라는 사실 자체가 설득에 있어서는 핸디캡이다.

이익에 반하는 설득을 한다

영업사원의 핸디캡은 영업사원만의 문제가 아니다. 상대로부터 믿을 수 없는 사람, 사욕을 챙기려는 사람으로 간주되면서, 그 상대를 설득해야 하는 사람들이 직면하는 문제이기도 하다. 지지를 호소하는 정치가, 입신을 권하는 종교인, 무죄를 호소하는 용의자, 바람기를 의심하는 아내에게 오해임을 주장하는 남편. 친구나 연인 관계에 있어서도 상대로부터 결국은 사욕을 위해 나를 설득하려는 것이라는 오해를 받으면서 설득해야 하는 경우도 있다.

이런 경우 상대의 신뢰를 얻는 가장 좋은 방법은 자신의 이익에 반하는 내용을 주장하는 것이다. 미국에서 행한 이런 실험이 있다. 현재의 판결은 전반적으로 너무 미온적이다, 좀더 엄중한 판결을 내려야 한다는 의견과 이와는 반대로 현재의 판결은 전반적으로 너무 엄중하다, 좀더 완화된 판결을 내려야 한다는 의견을 준비한다. 이 각각의 의견을 상습범이 말하는 경우와 공직자가 말하는 경우 등 전부 4종류의 소책자로 만들었다. 각 소책자들을 많은 사람들에게 읽혀 그들의 의견이 변화되었는지에 대하여 조사했다.

그 결과 상습범이 엄격한 판결을 주장하는 소책자를 읽은 사람들은, 공직자가 같은 주장을 하는 소책자를 읽은 사람들과 비슷한 수준으로 의견을 변화시켰다. 설득자가 도덕적인 인물이 아니더라도 자신의 이익에 반하는 내용을 주장하면 설득 효과를 얻는 것이다.

설득당하는 자는 설득자의 이익에 반하는 주장에 접하게 되면 누군가에게 이용당하고 있는 것은 아닐까 하는 의심의 눈초리를 보낸다. 그리고 이런저런 사실들을 추측해 보지만 그 증거를 찾지 못하면 설득 내용에 주목하면서 '자기 이익에 반하는 것까지 주장하는 내용이니까 이 주장은 분명히 맞다' 고 판단하는 것이다.

이와 같이 이익에 반하는 주장을 하면 설득 효과가 높아진다. 그러나 실제로는 이런 행동을 하기는 어려운 경우가 많다. 영업사원이 자기 자신이나 회사의 이익에 반하는 행동을 가볍게 할 수는 없는 것이다. 하지만 자기 이익이 아니라는 시늉은 할 수 있다.

정치가가 공공 복지를 운운하는 연설을 하고, 종교인이 당신 자신을 구원하라는 말을 자주 하는 것은 설득자 측의 이익 때문이 아니라는 식의 시늉이다. 영업사원도 '손님을 위하는 생각에 이 물건을 권합니다' 라는 식으로 접근한다.

이와 같이 상대를 위해, 혹은 제3자나 공공을 위해서라고 하는 방식은 설득당하는 측의 의식을 설득자의 이익에서 다른 것으로 향하게 하는 효과가 있다.

주워듣는 효과

증권회사의 잘 모르는 영업사원으로부터 전화가 걸려 와서 어느 주가 올라가니까 사지 않겠느냐는 말을 들었다면 당신은 어떻게 하겠는가. 손님을 위해서라는 말을 들었다 해도 영업사원이 매매 수수료를 챙기려는 것은 불을 보듯 뻔하다. 값이 오르고 있다는 정보를 그냥은 주지 않을 것이기 때문이다.

그러면 영업사원이 그의 친구들에게 어느 주가 오른다고 말하는 것을 당신이 살짝 엿들었다면 어떻게 할 것인가. 영업사원의 이익과 당신은 아무 관련이 없기 때문에 정보 내용을 있는 그대로 받아들일 수 있다. 그 결과 사자 주문을 내게 될지도 모른다.

얻어듣는 것이 가져다주는 효과는 실험으로도 입증되고 있다. 실험 참가자가 우연히 듣게 되는 상황을 설정하여 정보를 흘려 듣게 한 경우와, 설득의 의도를 명확히 하여 정보를 듣게 한 경우를 비교해 보았더니 전자 쪽의 의견이 크게 변화했다.

사람은 자기를 설득하려는 의도가 없는 정보에는 오히려 설득당하게 되어 있다. 이 특성을 이용하면 설득할 때 설득하려는 의도를 감추면 된다. 우연을 가장하여 얻어듣거나 일부러 일기를 펼쳐 놓는다, 컴퓨터를 끄지 않고 메일을 읽게 한다, 이해 관계가 없는 제3자를 사이에 두고 설득 내용을 흘린다 등.

텔레비전 광고에서 아마추어를 갑자기 인터뷰하면서 상품을 칭찬하게 하는 형식이 있다. 이것도 아마추어(실은 아마추어 역할의 배우)를 활용함으로써, 설득하려는 의도가 없는 자의 발언이라는 형식을 취하는 것이다.

상대의 감정을 배려한다

부메랑 효과

인간은 감정의 동물이다.

다른 사람을 설득할 때에는 이 당연한 사항을 기억할 필요가 있다. 상대에게 '이유는 충분히 알겠다. 하지만 심정적으로는 납득하지 못하겠다'라는 생각을 갖게 했다면 그것은 설득 방법이 미숙했다는 증거다. 상대가 이런 생각을 하게 만든 가장 형편없는 방법은 고압적인 표현 방법이다.

고압적인 방법이 설득 효과에 미치는 영향을 확인해 주는 심리학 실험이 있다.

이렇게 해야 한다, 그 밖에 다른 방법이 있을 수 없다는 식의 고압적인 말투를 쓴 경우와 이렇게 하는 것이 좋겠다, 이런 방법도 있다는 식의 부드러운 말투를 쓴 경우, 설득되는 정도에 차이가 생기는지 비교해 본 것이다.

실험 결과, 설득 내용은 같더라도 고압적인 말투를 들은 사람들은 자신의 태도를 바꾸려 하지 않았다. 이것은 예상했던 결과였다. 그런데 고압적인 말투를 들은 사람들은 좀더 주목할 만한 태도를 보였다.

처음에는 설득되는 방향으로 기울던 사람들조차 설득과는 반대 방향으로 자기 의견을 굳혔던 것이다.

이 실험 이후 고압적인 말투가 만들어 내는 이 같은 현상은 부메랑 효과로 불리게 되었다. 반대쪽으로 치닫던 의견이 되돌아온다는 것에서 이렇게 명명되었는데, 이 명칭은 별로 적절치 못하다. 사실은 원래 의견으로 되돌아온다기보다는 굳혀져 있었던 것이다.

그렇다면 고압적인 말투는 왜 부메랑 효과를 낳는 것일까.

인간에게는 삐딱한 기질이 있다

이제 공부 좀 해볼까 하고 있는 참에 엄마가 공부하라고 하면 공부할 마음이 싹 가셨던 경험이 있을 것이다.

누구나 프라이드를 가지고 살아간다. 자기 일은 자기가 결정하고 싶어한다. 남들로부터 이것저것 지시 받기보다는 스스로 생각하고 스스로 결정한 대로 행동하고자 한다. 소위 자유 의지를 가지고 있는 것이다.

이런 의지는 유아기에 있는 아기들조차 가지고 있다. 3세 전후가 되면 엄마 말을 듣지 않고 말만 꺼내면 고집을 부리거나 자기가 하고 싶은 것을 자기 방식대로 하려는 행동을 하게 된다. 소위 제1반항기이다.

유아가 자기 자아를 의식하게 되면서 동시에 이 제1반항기가 시작된다는 점이 흥미롭다. 우리가 자아를 의식하는 것과 자기 일은 자기가 결정하고자 하는 것은 불가분의 관계에 있다. 우리는 이 자유에 대한 의지를 갖게 됨으로써 비로소 한 사람으로 자립한 '나 자신'이 될 수 있는 것이다.

따라서 고압적인 말투를 듣게 되면 자아가 부정되고, 자유 의지를 빼앗기는 것 같은 생각이 든다. A를 선택하든 B를 선택하든 자기 마음이다. 자기 스스로 정하고자 하는 것이다. 그런데 A를 선택해야 한다는 말을 들으면 선택의 여지가 적어지는 느낌이다. 가령 처음부터 A를 선택하려고 했지만 A를 선택하게 되면 복종하게 되는 것이다. 따라서 어느 쪽을 선택할지는 내 마음이라는 것을 자기 자신에게는 물론 상대에게도 나타내기 위해 상대의 말과는 일부러 반대되는 것을 선택한다. 이것이 바로 '부메랑 효과'라는 현상이다.

금연을 결심했던 사람이 흡연을 반대하는 격렬한 주장에 심술이라도 부리고 싶은 생각에 담배를 계속 피우기도 한다. 이것도 자유로운 의지를 되찾으려는 심리적인 움직임에 기인한다.

인간은 삐딱한 기질을 지닌 동물인 것이다.

고압적인 말투를 고친다

고압적인 말투는 상대의 프라이드에 상처를 입히고 자유에의 의지를 앗아간다. 그 결과 설득은커녕 반발만 불러일으킬 뿐이다.

자기가 상대보다 위에 있는 경우는 특히 주의해야 할 필요가 있다. 예를 들어 부하에 대한 상사, 아이에 대한 엄마나 교사, 환자에 대한 의사나 간호사 등, 이와 같은 사람들은 설득하는 입장이 되는 경우가 많은데 고압적인 말투는 반드시 고쳐야 한다.

이를 위해 명령조는 피해야 한다. 명령조로 말하지 않더라도 권고나 조언, 제안으로 바꿔 말할 수 있다. 이것을 하라고 하는 것보다 '이렇게 하는 게 어떨까' 라는 권고조나, 이런 방법도 있다는 조언조, 혹은 '이런 방법은 어떨까' 라는 제안조로 바꿔 말할 수 있다.

또 플러스적인 표현을 하도록 명심할 것. 플러스적인 표현이란 상대의 긍정적인 측면에 주목하는 방법이다. 하지 않았으면 하는 내용에 대해 말하는 것이 아니라 했으면 하는 것을 말하는 것이다. 다른 사람을 설득하고자 할 때 자칫하면 부정적인 말투로 흐르기 쉬운데, 같은 내용을 얼마든지 플러스적으로 표현할 수 있는 것이다. 약속 시간에 늦으면 안 된다고 하는 대신 빨리 가는 것이 좋지 않겠느냐고 하거나, 이번 프로젝트는 절대 실패하면 안 된다고 하는 대신 이번 프로젝트는 반드시 성공시키자, 이 일이 끝나지 않으면 못 간다고 하는 대신 이 일이 끝나면 돌아가자고 바꿔 말하는 것이다.

이렇게 바꿔 말하는 것뿐만 아니라 상대에게 나 스스로 결정했다는 사실을 느끼게 하는 방법도 있다. 그 하나는 내 의견을 고집하기 전에 상대방의 의사를 먼저 묻는 것이다.

기본 문형은 '당신이라면 어떻게 하겠습니까?' 이다. 일단 이렇게 말을 던짐으로써 상대의 의견을 따로 묻지 않아도 된다. 이 말을 받아 바로 내 의견을 피력하면 상대 의견에 영향을 받지 않아도 된다. 예를 들면 '자네라면 어느 쪽을 택하겠나? 나라면 A안이 낫다고 생각하는데 말이야' 라고 하는 것이다.

또 다른 방법은 '자네는 B안을 선택할 수도 있겠지만 나는 A안이 낫다고 생각하는데……' 등으로 복수의 선택 사항을 제시하고 나서 자기 의견도 말하는 방법이다. 처음부터 A안을 채택하는 것이 낫다고 일방적으로 강요하기보다 자기가 결정했다고 느끼게 할 수 있다.

명령조를 고치고, 플러스적인 표현을 하도록 노력하며, 상대에게 자기가 결정한 것으로 느끼게 한다. 이것은 정말 힘든 일이다. 그러나 이 힘든 일을 하지 않으면 감정을 지닌 인간을 설득할 수 없다.

제7장

상대의 의견에 따른다

상대에게 맞추는 경우도 있다

집단 압력에 굴복할 것인가

회사 동료들과 술을 마시러 가게 되었다. 명수 씨는 중국집에 가고 싶었지만 다른 사람들은 한식집으로 가자고 했다. 명수 씨는 한식집이 싫었지만 모든 사람들이 하자는 대로 했다.

이처럼 자기 본래의 의지와는 다르지만 다수의 의견에 따를 때가 많다. 심리학에서는 이것을 동조라고 하는데, 예전부터 연구의 대상이 되어 왔다.

다음과 같은 유명한 실험이 있다.

피험자 X씨가 실험실에 들어서자 방에는 이미 6명이 하나의 책상을 감싸듯이 앉아 있었다. X씨는 7번째 자리에 앉게 되었다. 그 뒤 또 1명이 들어왔고 바로 실험이 시작되었다.

실험자는 표준 카드를 1장 꺼내 들어 피험자 전원에게 보여 주었다. 거기에는 검정색의 굵은 가로선이 하나 그어져 있었다. 실험자는 표준 카드를 엎어놓고 또 다른 1장의 비교 카드를 꺼냈다. 거기에는 표준 카드와 같은 선이 3개 그어져 있었는데 길이가 조금씩 달랐다. 각 선에는 1, 2, 3이라는 숫자가 붙어 있었다. 실험자는 이 3가지 선 중에서 어느 것이 표준 카드의 선 길이와 같은지 물었다.

X씨는 2라고 생각했다. 하지만 한 사람씩 순서대로 대답하는 것을 듣고 있자니 다른 피험자들은 다 1이라고 했다. X씨는 이상하게

생각하면서 자기가 대답할 순서를 기다리고 있었다.

　이 같은 상황에서 X씨는 그 뒤로도 여러 가지 선의 길이를 판단하라는 질문을 18번이나 받았다. 이 실험에서의 진짜 피험자는 X씨단 1명뿐이었으며, 나머지 7명은 실험 조교들이었다. 7명의 집단 압력에 한 사람이 굴하는지 굴하지 않는지를 실험했던 것이다.

　결과는 X씨와 같은 입장에 처한 진짜 피험자들 중 약 1/3은 동조했다고 한다.

집단에 동조한다

이 실험은 미국의 심리학자인 S. E. 애쉬가 한 것인데, 전부터 다음과 같이 소개되어 왔다.

　선의 굵기처럼 객관적인 과제조차 사람은 쉽게 동조하고 만다. 주관적인 의견인 경우는 더 쉽게 자신의 의견을 묻어 버릴 것이다. 집단적인 압력은 너무도 강력하여 사람들은 어쩔 수 없이 집단 압력에 쉽게 굴복하고 만다.

　그러나 인간이 정말 집단 압력에 그렇게 쉽게 굴복하는 것일까.

　다른 의견을 가진 사람들이 모여 있는 집단 속에서 항상 자기 의견만을 내세울 수는 없다. 다수의 의견에 맞추는 것도 필요하다고 나는 알고 있다. 그렇다고 무조건 동조하는 것도 바람직하다고는 할 수 없다.

　실제로는 어떨까. 동조해야 할 때와 주장해야 할 때를 잘 구별해야 한다.

이 구별의 기준이 되는 것이 바로 대인 목표이다. 대인 목표란 당사자가 그 상황에서 최종적으로 무엇을 얻고자 하는가 하는 것이다.

앞의 명수 씨는 동료와의 우호적인 관계를 유지하는 것이 목표였다. 따라서 중국 요리를 단념했다. 애쉬의 실험에서 동조한 경험자들의 목표는 다른 사람들로부터 이상한 사람이라는 소리를 듣지 않으려는 것이었으며, 이를 위해 동조했을지도 모른다. 동조하지 않은 피험자들의 목표는 자신감에 찬 자기 모습을 어필하는 것이었는지 모른다.

다시 말해서 옛날부터 전해 오던 것과는 달리 사람은 쉽게 집단에 동조하는 것이 아니라 대인 목표에 따라 행동하는 것으로 생각할 수도 있다.

상대에게 맞춘다

동조할지 동조하지 않을지가 대인 목표에 따라 달라진다면 집단 압력이 없더라도 우리는 목표에 따라 다른 사람에게 맞추는 일이 있다는 얘기가 된다.

이 예상을 뒷받침할 만한 피험자 1명과 가짜 1명만으로, 앞의 실험과 같이 선의 길이를 판단하게 하는 실험이 몇 가지 정도 실시되었다.

어떤 실험에서는 피험자에게 우선 혼자 선의 길이를 100회 판단하게 했다. 이어서 또 1명의 피험자(가짜)에 대한 100회의 실험 결과를 기록하도록 피험자에게 부탁했다. 피험자는 기록계원으로서 가짜의 정답률을 알게 되었다. 이 정답률을 조작하여 피험자들 중 반수에게는 가짜의 정답률이 아주 높은 것으로 인식시키고, 나머지 반수에게는 아주 낮은 것으로 인식시켰다. 마지막으로 피험자와 가짜 두 사람이 함께 선의 길이를 측정하게 하였다.

 그 결과 정답률이 낮은 가짜와 짝을 이룬 피험자는 자신의 판단을 바꾸려고 하지 않았지만 정답률이 높은 가짜와 짝을 이룬 피험자는 가짜에 맞추어 자신의 판단을 바꾸었다.

 다른 실험에서는 먼저 피험자 1명에게 판단하게 했는데, 각 판단이 옳은지 그른지를 그 때마다 알려주었다. 이 정보를 조작해서 반수의 피험자에게는 82%가 정답이라고 알려주어 성공이라는 것을 암시하였고(성공자), 나머지 반수에게는 82%가 틀렸다고 알려주어 실패를 암시했다(실패자). 다음 단계에서는 2인 1조로 판단하게 하였다. 짝은 성공자끼리, 실패자끼리, 성공자와 실패자의 3종류로 구분했다.

 이 중에서 성공자끼리는 서로 상대에게 맞추려 하지 않았다. 실패자끼리는 서로에게 맞추려고 했다. 성공자와 실패자 조합에서는 실패자가 성공자에게 맞추려고 했다.

 이처럼 집단 압력이 없더라도 상대가 자기보다 유능하다고 생각되거나 자기 판단에 자신이 없으면 상대의 판단에 맞추려는 경향이 있다. 거꾸로 자기가 상대보다 유능하다고 생각하거나 자신이 있으면 그리 쉽게는 상대에게 맞추지 않았다.

 다시 말해서 우리는 단순히 다수의 의견에 동조하는 것이 아니다. 집단 압력도 그렇지만 대인 목표가 더 중요한 것이다. 집단 압력이 없더라도 대인 목표에 따라서는 집단이나 상대에게 맞추거나 거꾸로 맞추지 않는 등 엄정하게 구별되고 있다.

다른 사람의 비위를 맞춘다

아첨꾼 입문(?)

만담의 세계뿐 아니라 현대를 살아가는 우리도 때로는 비위를 맞추지 않으면 안 될 때가 있다. 부하는 상사에게 아첨하며 그 상사는 또 접대를 통해 거래처의 환심을 사야만 한다. 영업사원들은 주부에게 입에 발린 소리를 하고, 그 주부는 또 남편의 비위를 맞추기 위해 노력하고 있는지 모른다.

누구나 상대와의 관계에서 약한 입장에 있을 때에는 아첨꾼이 되지 않을 수 없다. 비위를 맞추어 상대와의 관계를 공고히 유지하려는 것이다. 그렇다면 어떻게 비위를 맞출지 미리 생각해 둘 필요도 있을 것이다.

대인 심리학에는 여러 가지 이론과 모델이 있는데, 그 중에 놀랍게도 비위를 맞추는 방법에 관한 이론이 있다. E. E. 존즈가 제창한 영합 이론이다.

비위를 맞추는 방법

영합 이론에 따르면 비위를 맞추는 구체적인 방법에는 적어도 4종류가 있다고 한다.

우선은 상대의 프라이드를 높여 주는 듯한 찬사를 늘어놓는 것이다. 어쨌든 무조건 칭찬한다. 가능한 상대의 언행 중에서 실제로 칭찬할 만한 것을 찾아내어 그것을 칭찬한다.

두 번째는 상대의 의견이나 태도에 동조한다. 사실 자기는 그렇게 생각하고 있지 않더라도 '지당하신 말씀'이라고 하며 상대방의 비위를 맞춰 준다. 실제로는 그렇게 하고 싶지 않더라도 상대와 함께 한다.

세 번째가 자기를 비하함으로써 상대적으로 상대를 올려 주는 것이다. 자기가 얼마나 형편없는 인간인지, 얼마나 게으르며 계속 실패만 맛보고 있는지를 토로한다. 경우에 따라서는 눈앞에서 실수하는 모습을 보여 주기도 한다. 이런 나와 비교해서 당신은 얼마나 훌륭한가에 대해 얘기하면서 상대를 추켜세우는 것이다.

네 번째는 상대에게 친절한 행위를 제공한다. 상대가 곤경에 처해 있을 때는 물론, 그렇지 않을 때에도 도움의 손길을 뻗친다. 뒤를 돌봐 주거나 상대가 원하는 것을 제공한다.

이렇게만 하기에도 벅찬데 이 행위들을 갑자기 꺼내 놓으면 효과가 없다.

이 행위들이 효과적인지 아닌지는 상대방이 나의 언행을 얼마나 신뢰하고 있는가에 달려 있다. 아무리 찬사를 늘어놓고, 무조건 동조하는 것처럼 보인다 해도 상대가 이를 신뢰하지 않는다면 말짱 헛일이다. 그러기는커녕 잘못하면 오히려 역효과를 부를 뿐이다. 내 인상만 나빠지거나 상대와의 관계를 망쳐 버리고 만다.

신용을 얻기 위한 한 가지 방법은 '당신에게만 하는 것'이라는 생각을 갖게 만드는 것이다. 언제나, 누구에게나 찬사를 보내거나 동조하지는 않는다, 이런 일은 별로 하지 않는 편인데 당신이니까 하는 것이다, 라는 생각을 갖게 한다.

이런 생각을 갖게 하기 위해서는 정보를 수집하여 상대의 취미나 흥미, 관심과 관련된 범위 안에서 영합해야 한다. 또 상대의 행동을 잘 관찰하여 상대의 특징에 맞춰 영합해야 한다.

요컨대 모든 면에서 사실에 입각하여 상대방에게만 맞춘 구체적인 언행을 실행하는 것이다.

상대를 고른다

입에 발린 소리를 하면서 상대의 비위를 맞추는 것은 힘든 일이다. 상대를 가리지 않고 마구잡이 식으로 하다가는 내가 견뎌 내지 못한다. 상대를 골라야 한다. 자기에게 아주 중요한 사람, 소중한 사람만을 타깃으로 하는 것이다.

E. E. 존즈 등은 대학생을 활용한 비즈니스 활동의 시뮬레이션 실험을 통해 영합의 상황을 밝혀 냈다. 대학생에게 감독 역과 그 부하 역할을 맡겨 광고 슬로건을 만들게 하였다. 감독에게 결정할 수 있는 재량권을 부여했을 때와 감독이 부하와의 인간 관계를 중시하는 타입일 때에만 영합이 일어났다.

이 실험 결과로 보아 비위를 맞춰야 할 상대는 실질적으로 나에 대한 영향력을 쥐고 있는 사람, 그리고 내 방식을 순수하게 받아들여 주는 사람이다. 그런 상대를 골라 확실한 효과를 기대할 수 있을 때에만 실행하는 것이다.

아첨은 고도의 대인 스킬

일반적으로 아첨을 하거나 비위를 맞추는 것은 부정적으로 받아들여진다. 마음에도 없는 말로 사람을 기만하거나, 정작 자기 할 일은 하지도 않으면서 상대의 기분만을 맞춰 가며 은근슬쩍 넘어가려는 사람들로 보여지기 때문이다.

그러나 비위를 맞추거나 아첨하는 것 자체는 인간 관계의 윤활유 같은 것이다. 인간 관계를 좋게 유지하기 위해서는 누구나 많든 적든 상대의 기분을 맞춰 줄 필요가 있다.

비위를 맞추는 것은 우선 상대에게 뭔가 이익을 주고, 그리고 나서 자기도 이익을 얻으려는 행위이다. 일방적으로 자기 이익만을 추구하려는 것이 아니다. 처음에 상대를 기분 좋게 해 주는 것은 인간 관계를 시작하거나 유지해 나가는 데 있어서 꼭 필요한 대인 스킬이다.

비위를 잘 맞추는 사람은 고도의 대인 스킬을 지닌 사람이라고 할 수 있다.

권위에 복종한다

전기 쇼크 실험

1960년대 미국에서는 심리학 연구에서 피험자에게 전기 쇼크를 가하는 것이 아무렇지도 않게 시행되었다. 이 같은 상황 속에서 예일 대학에서 실시되었던 실험을 한 가지 소개하겠다.

각 피험자가 실험실로 가면 또 한 사람의 피험자(사실은 가짜)를 소개받는다. 두 사람이 모이면 흰옷을 입은 실험자가 '이 실험은 단어를 기억시킬 때, 선생님이 학생에게 벌을 주는 것이 효과적인지를 조사하기 위한 것'이라고 실험 취지를 설명한다. 제비뽑기로 피험자는 선생님 역할, 가짜는 학생 역할을 맡는다.

가짜는 옆방으로 이끌려 나와 전기 쇼크를 받을 의자에 가죽띠로 묶인다. 손에는 전극이 연결된다. 피험자는 이 모습을 본 다음 원래 방으로 돌아온다. 이 방에서는 유리창 너머로 옆방의 가짜가 보이도록 되어 있다.

피험자는 송전기 앞에 앉는다. 송전기에는 스위치가 옆으로 나란히 붙어 있다. 왼쪽 첫 번째 스위치는 15볼트, 거기에서부터 오른쪽으로 15볼트 간격으로 45볼트까지 모두 30개의 스위치가 나란히 붙어 있다. 스위치 곳곳에 '약한 쇼크(15볼트)' '강한 쇼크(125볼트)' '심각한 쇼크(255볼트)' '위험, 엄청난 쇼크(375볼트)' 등 전기 쇼크의 강도가 표시되어 있다.

실험자는 피험자에게 '선생님 역할인 당신이 내는 문제에 대해 학생이 틀릴 경우에는 전기 쇼크를 줄 것. 전기 쇼크의 강도는 선생님이 하나 틀릴 때마다 올릴 것'이라고 말해 주었다.

실험이 시작되었고 피험자가 문제를 내자 가짜는 가끔 틀린 답을 댔다. 그 때마다 피험자는 볼트 수를 올려 전기 쇼크를 주었다.

가짜는 75볼트에서 신음하기 시작했다. 150볼트에서 실험을 그만두라고 소리쳤다. 180볼트에서는 너무 고통스러워서 견딜 수 없다며 비명을 질러 댔다. 300볼트에서는 더 이상 아무 대답도 하지 못했다. 피험자가 이제 그만하겠다고 하는데도 실험자는 '이것은 실험입니다, 계속하십시오'라고 냉정하게 말했다.

이상과 같은 절차가 몇몇 피험자를 상대로 반복 시행되었다.

보통 사람들의 반응

이 실험으로 확인하고자 했던 것은 피험자가 어디까지 강한 전기 쇼크를 주었는가였다. 또한 피험자 중 몇 %가 실험자의 말에 따라 최대의 전기 쇼크를 주는가였다.

당신은 몇 %라고 생각하는가.

이 실험을 한 연구자가 정신의학자 40명에게 실험 절차를 알려준 다음 어느 정도를 예상하는지 물었더니 최대의 전기 쇼크를 주는 것은 피험자 중 0.1%일 것으로 예상했다. 1,000명 중 1명이다.

최대의 전기 쇼크는 450볼트로, 375볼트에는 '위험, 엄청난 쇼크'라고 써어 있지만 그 이상의 볼트에는 강도를 나타내는 말은 붙어 있지 않았다. 그럼에도 불구하고 피험자 중 62%가 450볼트까지 전기 쇼크를 주었다. 실험에 참가했던 사람들이 특별했던 것은 아니다. 이 실험의 피험자는 신문 광고를 통해 모집한 20세부터 50세까지의 남성으로 직업은 노동자 40%, 화이트컬러 40%, 전문직 20%이다. 또 이 사람들의 대부분은 실험 중 극도로 긴장했고 초조했다고 응답했다. 그 중에는 전기 쇼크를 계속 주라는 실험자의 강요에 못 이겨 왈칵 눈물을 쏟은 사람도 있었다. 즉 피험자는 정상적인 감각을 가진 보통 사람들이었다는 것이다.

이와 같은 사람들이 실험자의 지시에 따랐던 것은 권위 있는 예일 대학의 요청이었으며, 심리학 연구자들로부터 실험으로써 정당화되고 강요되었기 때문이다. 피험자들은 자기에게 주어진 임무를 성심껏 수행하려 했을 뿐이다.

이 실험의 업적은 극히 평범한 사람들이 자기 스스로 내키지 않으면서도 권위 있는 자의 명령을 받으면 거기에 따르고 만다는 것을 실제로 증명했다는 점에 있다.

권위에 저항할 수 있을까

이 실험을 한 S. 밀그램은 유태인이다. 제2차 세계대전 중의 유태인 대량 학살 행위는 A. 아이히만을 비롯한 일부 나치 간부들만 관여한 이상 행위가 아니라는 것을 증명하고자 했다. 강제 수용소에는 명령에 복종하는 많은, 극히 평범한 독일인들이 있었다. 이 사람들은 권위자의 명령에 따라 주어진 임무를 충실히 수행한 결과, 학살 행위에 가담하고 말았던 것이다.

전쟁 중에만 국한된 얘기가 아니다. 상하 관계가 엄격한 종적 사회인 우리 나라에 사는 우리도 마찬가지이다. 우리는 부모님이나 교사, 연장자들로부터 아무 소리 말고 복종해야 한다는 교육을 받으며 성장했다. 학업을 마치고 세상에 나오면 상대와의 대립을 피하고 집단의 화합을 중시하는 조직 속에서 일을 한다. 이런 우리들은 권위적인 명령에 약하다. 자기 스스로도 싫다, 이상하다고 생각하면서도 복종할 수도 있는 것이다.

권위적인 명령에 쉽게 무너지지 않기 위해서는 어떻게 하면 좋을까. 실은 S. 밀그램이 그 해답을 찾는 데 힌트가 될 만한 실험을 했다.

앞의 실험을 발전시켜 전기 쇼크를 주는 선생님 역할을 3명으로 늘렸다. 그 중 2명(가짜)이 실험자의 지시에 따르지 않았더니, 끝까지 전기 쇼크를 준 피험자는 겨우 10%였다. 나머지 90%의 피험자는 복종하지 않고 도중에 실험을 그만두겠다는 의견을 밝혔다.

권위에 쉽게 굴복하지 않기 위해서는 같은 편을 만들어야 한다. 자기와 마찬가지로 싫다는 감정을 가진 같은 편을 찾아내고 그들과의 협조를 통해 권위적인 명령에 반대하는 것이다. 쉬운 일은 아니지만 권위에 분별 없이 복종하지 않기 위해서는 이 방법밖에 없다.

제8장

다른 사람과 서로 돕는다

왜 남을 돕지 않을까

많은 목격자가 있었는데

대학에서 대인 심리학의 대표적인 연구 영역에 대해 강의하려고 '오늘의 주제는 원조 행동입니다' 라고 하자 학생들 사이에서 가벼운 탄성이 흘러나왔다. 물어 보니까 원조 교제와 혼동했다는 것이다.

원조 행동이라고 강조하고 나서 이것이 무엇을 연구하는 영역이라고 생각하느냐고 물었더니 국제 원조, 자금 원조와 같이 정치나 경제 문제를 연상하는 학생들도 있다는 것을 알게 되었다.

대인 심리학에서는 남을 돕는 것을 원조 행동이라고 한다. 그러나 이 연구 영역은 아이러니컬하게도 왜 사람은 남을 돕지 않을까 라는 의문을 푸는 것에서 시작되었다. 계기가 된 것은 1964년 미국에서 일어났던 폭행 살인 사건이었다.

그 사건은 젊은 여성이 일을 마치고 귀가하던 한밤중에 자기 아파트 주차장에서 괴한의 습격을 받아 피살된 사건이었다.

이 사건은 당초 뉴욕에서는 흔한 살인 사건으로 치부되어 자그마하게 보도되었다. 그러나 사건 발생 2주 후, 새로운 사실이 보도됨으로써 이 평범한 사건은 역사적인 사건으로 변모되었다.

그 사실이란 피해자인 여성이 비명을 지르며 도와 달라고 몇 번이나 고함을 쳤다는 것, 아파트 주민들은 그 소리를 듣고 방의 불을 켜거나 창문을 열었는데 그 사람들이 적어도 38명은 되었다는 것,

그랬는데도 아무도 도와주러 가지 않았고 사건 발생으로부터 30분 동안 아무도 경찰에 신고하지 않았다는 것 등이다.

이와 같은 사실이 당시 미국에 논쟁을 불러일으켰다. 논쟁의 중심은 나이프로 여성을 덮친 범인에 대한 것이 아니었다. 왜 38명이나 되는 선량한 시민들이 30분 동안이나 도움을 요청하는 여성을 도와주려 하지 않았는가, 왜 신고조차 하지 않았는가, 라는 점이었다.

도시의 냉담한 방관자

도시에는 수많은 타인들이 뒤섞여 살고 있다. 수많은 타인들과 모두 일일이 관계를 맺으며 살 수는 없다. 타인이 무슨 일을 하던 간섭하지 않고 자기 일만 생각하며 행동하는 것이 도시 생활을 잘 해 나가는 방법이다. 밤중에 누가 울부짖든 사람이 쓰러지든 상관하지 않는 것이 상책이다. 도시인들은 그렇게 생각하며 냉담한 방관자가 되어 간다. 따라서 38명의 선량한 시민들도 행동하지 않았던 것이다.

이와 같은 생각이 당시의 식자층 사이에서는 유력한 견해였다. 이 설은 어느 정도 설득력을 지니고 있는 것이 사실이다. 이 설을 뒷받침하는 필드 실험도 실시되었다.

실험에서는 뉴욕 시가지의 도로변에 차를 세우고 운전자는 그곳을 떠났다. 얼마 있지 않아 한 남자(가짜)가 자동차의 창문을 열고 안에서 양복 같은 것들을 당당하게 훔쳐 가기 시작했다. 이에 대한 통행인들의 모습을 실험자는 멀리 떨어진 곳에서 관찰하였다.

목격자들은 약 3,500명. 그 중 도둑에게 뭔가를 말한 사람은 9명,

도둑을 쫓아간 사람은 1명으로, 더구나 그 사람은 뉴욕 사람이 아니라 일 때문에 시골에서 막 상경한 사람이었다. 이것이 실험 결과였다.

목격자들이 많았기 때문에

이와 같은 냉담한 방관자 설에 대해 심리학자인 B. 라타네 등은 전혀 다른 견해를 표명했다. 사람의 수가 키워드라는 것이다. 그들은 일련의 실험에서 이것을 증명해 보였다. 예를 들면 다음과 같은 실험이다.

피험자를 실험실 안을 작게 나눈 부스로 들어가게 한다. 다른 부스에도 다른 피험자가 들어가 있다. 실험 목적은 대면한 적이 없는 익명의 상대와 어떤 방식으로 대화를 발전시켜 나가는지 확인하기 위한 것이라고 알려준다. 피험자는 헤드폰을 끼고 마이크를 사용하여 다른 부스에 있는 피험자와 대화를 나눴다.

실험에는 두 사람만 얘기를 하는 2인 조건, 셋이서 돌아가며 얘기하는 3인 조건, 6명이 돌아가며 얘기하는 6인 조건 등 3가지가 설정되었다.

모든 조건에서 대화가 한 바퀴 돌 때까지는 아무 일도 없었지만 두 번째 대화가 시작될 무렵, 피험자 중 한 사람(가짜)이 "아아……, 발작이 시작됐어……. 누구 나 좀 도와줘요……"라고 신음하면서 도움을 요청했다. 각 부스 안에 있던 다른 피험자들은 헤드폰을 통해 그 신음소리와 도움을 요청하는 소리를 들었다.

이 실험 설정이 앞서 소개했던 폭행 살인 사건의 목격자들이 놓인 상황과 비슷하다는 것에 주목했으면 한다. 피험자들은 남을 도와주어야 하는 상황에 직면하게 되면서 도와주어야 하는지 말아야 하는지 판단해야만 했다.

그러면 실험 결과는 어떻게 되었을까. 가짜가 발작중(55초간)에 부스를 뛰쳐나온 사람은 2인 조건에서는 85%, 3인 조건에서는 62%, 6인 조건에서는 31%였다. 그 장소에 함께 있던 사람 수가 많아질수록 구조가 잘 이루어지지 않았음을 알 수 있었다.

2인 조건의 피험자는 도와줄 사람은 나밖에 없으며, 따라서 도와줄 책임도 나에게만 있다고 생각했다. 그래서 바로 구조 행동을 보였다. 이에 비해 3인 조건에서는 가짜를 제외한 두 사람이, 6인 조건에서는 다섯 사람이 긴급 사태가 발생했음을 알게 된다. 각자가 자기 말고도 도와줘야 할 사람들이 있다, 내가 도와주지 않아도 누군가 도와줄 것이다, 라고 생각했다. 그 결과 실제로 행동으로 옮긴 사람의 비율이 낮아진 것이다.

다수의 사람들이 함께 있으면 구조에 대한 책임은 사람 수에 따라 분산된다. 구조의 책임을 10으로 할 때, 2명이 있으면 단순 계산으로 1인당 5가 된다. 10명이 있다면 1인당 1이다. 따라서 많은 사람들이 모여 있으면 책임이 분산됨으로써 구조 행동은 더더욱 어려워진다.

서두에 소개했던 폭행 사건의 선량한 시민들도 자기만 사건을 목격한 것이 아니라는 사실을 알고 있었다. 어떤 엄청난 일이 벌어진 것 같기는 하지만 나 이외에도 이 사실을 알고 있는 사람들이 있고,

내가 도와주지 않더라도 누군가 도와주리라 믿었던 것이다.

B. 라타네 등은 '많은 사람들이 있었는데 왜?' 라는 질문에 대해, 사람들이 많았기 때문이라고 대답했다.

왜 남을 도울까

결심하기까지

2001년 1월 도쿄 시내의 신오쿠보 역에서, 플랫폼에서 떨어진 남성을 구하려다 2명의 남성이 선로로 내려갔다가 두 사람 모두 사망한 참담한 사고가 있었다. 사람을 구하려던 2명 중 1명이 한국인 유학생이었다는 사실 때문에 큰 뉴스거리가 되었다.

카네기 훈장이라는 것이 있다. 미국과 캐나다에서 영웅적인 행동을 한 사람에게 수여되는 훈장인데, 대상이 되는 행동은 ① 자발적 ② 자기 목숨을 건다 ③ 당사자는 피원조자와 직접 관계가 없다 ④ 직업(경찰관, 소방대원)과 관계 없다는 조건이 충족되어야 한다. 신오쿠보 역의 두 사람의 행동은 그야말로 이 4가지 조건에 딱 들어맞는 영웅적인 행동이었다. 그런 까닭에 큰 감동을 불러일으켰던 것이다.

거꾸로 말하면 이 조건이 충족되는 행동은 자주 목격할 수 있는 일이 아니다. 우리는 쉽게 남을 도우려 하지는 않는다. 타인을 도우려고 결심하기까지에는 다음과 같이 몇 차례의 망설임을 반복하는 것이 보통이다.

첫 번째로 눈앞의 사건이 정말 도움을 필요로 하는 상황인지를 의심한다. 예를 들면 밤중에 번화가의 길거리에 고꾸라져 있는 사람을 보더라도 그저 단순히 술에 취했겠거니 생각하며 그대로 지나쳐 버린다. 가령 아파서 쓰러져 있다고 생각되더라도 말을 걸거나 구급차를 부를 정도의 사태인지를 신중하게 생각한다. 괜한 소동을 부렸다가는 나나 상대방 모두 창피만 당한다는 생각마저 하는 것이다.

두 번째로 남을 도우려면 위험을 감수해야 한다. 시간이나 노력도 필요할 것이다. 이와 같은 리스크나 코스트를 생각하면 아무래도 두 다리가 멈추어진다. 역의 플랫폼에서 누군가가 떨어지는 것을 목격했다 하더라도 자기 몸의 안전을 먼저 생각하는 것이 오히려 당연하다.

세 번째로 반드시 구조해야 할 책임이 나에게 있을까 생각한다. 이 판단에 영향을 미치는 것이 거기에 함께 있는 사람들의 수이다. 여기에 대해서는 전 항에서도 말했듯이 사람 수가 많으면 책임의 분산이 일어나 자기는 아무 것도 도와주지 못하더라도 누군가 도와줄 것이라고 생각한다. 심지어는 플랫폼에서 떨어진 사람을 구할 책임은 자기가 아니라 역무원에게 있다고 생각한다.

네 번째로 자기에게 구조할 힘이나 능력이 있을까 걱정한다. 예를 들면 물에 빠진 아이들을 발견하더라도 수영을 못하면 도와줄 수 없지 않은가.

이상 적어도 4항목의 망설임을 떨쳐 내야 비로소 실질적인 구조 행동으로 옮겨갈 수 있다.

이렇게 보면 긴급 사태가 일어났을 때, 자기 몸의 위험을 돌보지 않고 타인의 목숨을 구하는 행동이 얼마나 어려운 일인지 이해할 수 있을 것이다.

성격보다는 기분

남을 돕는 데에는 찰나적인 대응을 필요로 하는 긴급 사태와는 달리, 자리를 양보한다거나 봉사 활동을 한다, 물건을 나누어 준다, 기부한다 등의 비 긴급 사태에서의 원조도 있다.

비 긴급 사태에서의 원조는 앞에서 논했던 4가지 망설임이 좀더 강하게 일어난다. 긴급성이 없는 만큼 이리저리 변명할 시간이 많기 때문이다.

그래도 현실적으로는 많은 사람들이 타인에게 손을 내민다. 그런 사람들은 마음이 넓은 사람들일까, 명랑하고 사교적인 사람들일까, 아니면 성격들이 좋을까. 어떤 성격을 가진 사람들인지 궁금해진다.

그러나 연구 단계에서는 어떤 성격의 소유자가 특별히 남을 잘 돕는다는 사실은 발견되지 않았다. 공감을 잘 하는 사람들이 남을 잘 돕는다는 데이터는 있지만 그렇지 않다는 데이터도 있는 것이 사실이다.

특정 성격의 유무보다는 그 장소에서의 상황, 즉 언제, 어디에서, 누가, 왜 힘들어하는지에 대해 그때 그때 기분에 따라 도움을 베풀기도 하고 그렇지 않기도 하는 것이다. 비 긴급 사태에서는 특히 기분에 좌우될 때가 많다는 사실이 연구 단계에서 확인되고 있다.

일반적으로는 기분이 좋을 때 남을 도우려 한다. 기분이 좋으면 타인에게 너그러워져 '나에게는 남을 도울 힘이 있다' 라는 우월감이 높아져 원조에 동반되는 리스크나 코스트를 이겨낼 수 있기 때문이다.

원조의 동기

기분 좋을 때 남을 돕는다는 것은 상식적인 일이다. 이와는 반대로 몇몇 연구에서는 기분이 착잡할 때, 혹은 심한 스트레스가 있을 때 오히려 원조 행동이 늘어난다는 것을 증명하고 있다.

예를 들면 피험자가 과제에 실패하도록 실험적으로 조작함으로써 피험자의 자존심을 구겨 놓는다. 그 후 실험이 끝난 척하면서 기부 기회를 주었다. 그러자 자존심이 구겨진 사람은 그렇지 않은 사람보다 더 많은 기부를 했다는 실험 결과가 있다.

어떻게 이런 결과가 나왔을까.

이 질문에 답하기 위해서는 먼저 우리가 왜 다른 사람을 돕는지, 그 원조의 동기에 대해 생각해 볼 필요가 있다. 남을 돕는 것은 상대를 위해서라고 생각하기 쉽다. 어려움에 처한 상대방의 상황을 개선시켜 주기 위해 돕는 것이므로 상대를 위해서라는 말은 분명히 맞다.

그러나 남을 돕는다는 것은 나를 위한 일이 되기도 한다. 사회적으로 가치를 인정받고 있는 도움이라면 자존심을 높일 수도 있으며, 자신의 가치관이나 인생관을 긍정할 수 있어서 기분이 좋아진다. 적어도 남을 돕고 있는 동안은 자기가 안고 있는 문제에서 벗어나 기분 전환을 할 수 있다.

이런 관점에서 해석한다면 왜 자존심이 구겨진 피험자가 더 많은 기부를 하는지 이해될 것이다.

긴급 사태 때 남을 돕는 것은 틀림없이 세상과 사람을 위해서일 것이다. 단, 이렇게만 생각한다면 특별한 인격자만이 실행할 수 있는 숭고한 행동으로 치부되고 만다. 오히려 나를 위해 남을 돕는다고 생각하는 쪽이 가벼운 마음으로 실행할 수 있을 것이다.

왜 도움을 요청하지 않을까

도와주면 좋겠지만

교통사고로 상처를 입었다, 화재가 나서 방에 갇히고 말았다, 물에 빠졌다. 이처럼 생명과 관련된 사건이 내 주변에서 일어난다면 우리는 말 그대로 필사적으로 도움을 청할 것이다.

하지만 일을 도와 달라고 하거나 돈 좀 빌려 달라, 컴퓨터 사용법 좀 가르쳐 달라는 등의 비 긴급 사태에 있어서는 의외로 도움을 단념하는 경우가 많다. 도움을 주는 사람 입장에서는 대수롭지 않은 일일지 모르지만 아무렇지도 않게 부탁한다던가 도와 달라고 하지 못하는 경우가 많다. 왜 그럴까.

도움을 청하는 것은 프라이드를 위협하기 때문이다. 도움을 청하는 것은 자기 약점이나 결점을 상대에게 고백하는 것이나 다름없다. 돈 좀 꿔 달라고 부탁하는 것은 나에게는 돈이 없다는 것과 마찬가지이다.

게다가 자기 약점이나 결점을 남에게 알리는 것은 수치스러운 일이다. 썩 내키지 않는 일이다. 가령 그 수치스러움을 무릅쓰고 도움을 청한다 해도 거부당할 수도 있다. 심한 경우는 무시당할 수도 있는 것이다. 그렇게 되면 창피할 뿐만 아니라 억울한 생각까지 들지도 모른다.

또 도움을 청하면 그 이유를 꼬치꼬치 물어 볼 수도 있다. "왜 돈이 없어요? 어디에 쓸 건데요?"라는 말을 들으며 개인적인 일까지 얘기해야 하는 지경에까지 이를 수도 있다. 또 도움을 받으면 상대에게 빚이 생긴다. 빚은 꼭 갚아야만 한다. 갚을 때까지는 도와준 사람에게 머리를 들 수도 없다.

말로 늘어놓는 것만으로도 이런 걱정이 앞서는데, 이 모든 것들은 프라이드를 지키려는 의지 때문이다. 도움을 청하는 것은 프라이드를 뿌리째 뒤흔드는 것이다. 그래서 망설이는 것 아닐까.

도움을 청하는 이유

그러나 도움을 청하는 것이 바로 프라이드로 연결되는 것은 아니다. 도움을 청하게 된 원인에 따라 다르다.

도움을 청하는 원인에는 여러 가지가 있을 수 있는데, 이것은 당사자의 외적 원인과 내적 원인으로 나눌 수 있다. 외적 원인으로는 악운, 타인으로부터의 강요, 당사자의 컨트롤이 불가능했던 사고 등이 있다. 내적 원인으로는 당사자의 능력이나 노력의 부재, 성격, 피로 등이 있다.

외적 원인은 프라이드에 별다른 영향을 미치지 않는다. 외부에서 발생한 원인이라면 당사자도 일종의 피해자이며, 따라서 원조를 필요로 하고 있다는 것을 자기는 물론, 주위 사람들까지도 알기 때문이다. 지진이나 태풍처럼 천재지변이라면 필요로 하는 원조의 양이 크더라도 프라이드와는 전혀 상관없다. 따라서 원조를 청하는 데 있어 망설이지 않는다.

하지만 내적 원인에 기인하는 원조는 그 정도가 경미하다 하더라도 프라이드와 연관된다. 그만큼 망설이게 된다.

이것은 다음과 같은 실험으로도 증명되었다.

대학생 피험자들에게 퍼즐 비슷한 문제를 풀게 했는데 그 어떤 피험자도 혼자서는 도저히 풀지 못했다. 풀지 못하는 이유로 과반수의 피험자들에게는 '마침 아주 어려운 문제들만 남아서 그 문제들을 풀도록 했다'고 말했고(외적 원인), 나머지 반수에게는 '평균적인 대학생들이라면 분명히 다 풀었을 텐데 당신들은 이런 종류의 과제에 약한 것 같다'고 말했다(내적 원인). 그 후 피험자들이 옆에 있는 사람들에게 도움을 청하는지 청하지 않는지를 조사했는데, 내적 원인의 피험자들 쪽이 도움을 청할 때까지의 시간이 길었고 요청의 양도 적었다.

또 여성 피험자들은 옆에 있는 원조자의 신체적인 매력에도 영향을 받았다. 옆에 있는 사람이 매력적인 여성일 때에는 바로 원조를 청하지 않았던 것이다. 이것도 프라이드가 관여된 결과이다.

저울에 올려놓는다

결국 원조를 필요로 하는 사람은 선택을 강요당한다. 프라이드를 버리고 눈앞의 곤란한 상황에서 벗어날 것인가, 아니면 프라이드를 유지하며 곤란한 상황을 감수할 것인가. 프라이드와 곤란한 상황으로부터의 탈출을 저울에 올려놓고 고민한다.

대인 심리학에서는 도움을 청하기 위해 반드시 지불해야 하는 희생이나 손실에 대해 '요청 코스트', 원조를 받음으로써 손에 넣는 긍정적인 결과에 대해 '피원조 보수'라고 한다. 프라이드를 버리는 것은 요청 코스트를 지불하는 것이며, 곤란한 상황으로부터의 탈출은 피원조 보수를 손에 넣는 일이다.

피원조 보수의 크기에서 요청 코스트의 크기를 뺀 값이 '피원조 이익'이다. 이 값이 플러스면 도움을 청하고 마이너스면 도움을 청하지 않는데, 피원조 이익은 언제나 마이너스라고 생각하는 사람이 있다. 자신의 능력이나 성격에 자신이 없어 열등감에 사로잡혀 있는 사람이다.

이런 사람은 프라이드를 버리지 못하고 요청 코스트를 크게 생각함으로써 남에게 도와 달라는 말을 잘 못한다. 그 결과 곤란한 상황이나 문제는 미해결 상태로 남게 된다. 이것이 사태를 악화시켜 '역시 나는 쓸모 없는 인간'이라고 스스로를 자책하게 함으로써 열등감만 강화시킬 뿐이다.

이에 비해 자신감이 넘치고 자기에 대한 평가가 다소 미온적인 사람은 피원조 이익을 플러스로 생각하는 경향이 많다. 이런 사람은 요청 코스트를 작게 보는 것이다. 즉 자신의 약점이나 결점을 들추거나 창피를 주더라도, 또 개인적인 일을 묻거나 빚이 생겨도 상관없다고 생각한다. 따라서 남에게 쉽게 도움을 요청한다.

대신 이런 사람들은 남도 잘 도와준다. 도움을 주거니 받거니 하면서 다른 사람들과의 유대 관계를 강화시켜 나간다.

생각해 보면 우리는 이 세상에 태어나는 순간부터 저 세상으로 떠날 때까지 누군가의 도움을 필요로 한다. 도움 없이는 삶을 지탱

해 나갈 수 없다. 그렇다면 인생을 살아가는 데 있어 기꺼이 남을 돕고, 또 기꺼이 남의 도움을 받아들이는 자세가 필요하지 않을까.

서로 돕는 사람들

인간 네트워크

힘들고 지쳤을 때 당신은 누구와 의논하는가. 친구들인가, 아니면 애인인가. 경제적으로 힘들 때는 누구에게 도움을 청하는가. 부모님인가, 아니면 형제들인가. 그렇다면 일에 대한 정보를 얻고자 할 때에는 누구에게 묻는 편인가. 선배인가, 아니면 동료인가.

종이를 한 장 꺼내 들고 그 중심에 '나'라고 적은 다음, 나를 중심으로 3개의 동심원을 종이 가득 그려 넣는다. 이 3개의 원에 당신과 관련된 사람들, 즉 애인, 친구, 부모님, 형제, 친척, 교사, 근무처의 동료나 선배, 후배, 단순한 지인에 이르기까지 구체적인 인물들을 떠올리면서 그들의 이름을 써 보자.

나와 가장 가까운 원에는 친밀하면서 중요한 인물을, 다음 원에는 시간의 경과에 따라 친밀도나 중요도가 달라진 인물을, 제일 바깥쪽 원에는 친밀도가 낮고 업무적으로만 연결된 인물을 써넣는다. 또 써넣은 인물들끼리 친구이거나 서로 아는 사이라면 선으로 연결한다.

완성된 것을 보면 당신을 중심으로 인간 네트워크가 만들어져 있다는 사실을 알 수 있다. 이 사람들 중 몇몇은 당신이 힘들고 외로울 때 위로해 주기도 하고 함께 걱정해 주는 등 격려를 아끼지 않는다. 일을 도와주거나 돈을 빌려주기도 하고 전문적인 지식이나 유익한 정보를 제공하기도 한다.

이와 같은 원조나 지원을 총칭하여 '소셜 서포트'라고 한다. 서포트 네트워크가 탄탄하고 강력하게 조직된 사람일수록 곤란한 상황에 봉착했을 때, 또는 유용한 정보가 필요할 때 쉽게 서포트 받을 수 있다.

유능한 사람의 네트워크

미국에 벨 연구소라는 유명한 두뇌 집단이 있다. 연구원들은 각 방면에서 모인 톱 클래스의 기술자나 연구자들로만 구성되어 있다. 하지만 그 중에서도 각광받는 연구원이 있는가 하면 그렇지 못한 연구원들도 있다.

양자의 차이가 어디에 있는지 조사가 실시되었다. 관리직이나 동료들로부터 유망하다고 지명된 상위 15%의 연구원과 그 밖의 연구원들을 비교한 것인데, 각종 지능 테스트나 성격 검사 결과에서는 별다른 차이가 없었다. 단 한 가지 다른 점은 네트워크의 질이었다.

유망 연구원들은 풍부하며 강력한 서포트 네트워크를 보유하고 있었다. 어떤 예기치 못한 문제가 발생하더라도 우왕좌왕하지 않고 네트워크를 통해 유익한 정보와 실질적인 원조를 받고 있었다. 이에 비해 평균적인 연구원들은 네트워크가 잘 정비되어 있지 못했다. 도움을 청할 만한 사람이 없기 때문에 결국 자기 스스로 문제를 해결할 수밖에 없었다. 성과를 올리기 위해서는 시간과 노력이 너무 많이 소요되었던 것이다.

양자의 차이는 바로 여기에 있었다. 하지만 언뜻 들으면 단순한 정보 수집 능력의 차이로밖에 인식되지 않지만, 풍부한 네트워크는 다음 내용처럼 정서적인 안식처가 되기도 한다.

스트레스를 완화시킨다

최근의 연구에서, 풍부한 서포트 네트워크의 존재 자체가 스트레스에 의한 악영향을 완화시킴으로써 질병을 예방하거나 건강 증진에 기여한다는 사실이 밝혀졌다.

캘리포니아 주의 어느 지역에 사는 30세부터 69세까지의 남녀 4,725명을 9년에 걸쳐 추적 조사한 것이 있다. 조사 대상자는 결혼했는지, 가족이나 친구와 어느 정도나 접촉하고 있는지 등을 물어 서포트 네트워크의 지표로 삼았다.

이 지표와 사망률의 연관성을 조사했더니 모든 연령층에서 서포트가 많은 사람의 사망률은 적은 사람의 약 반이었다.

일본에서의 조사에서도 매일 일상 생활에서의 스트레스가 똑같이 높더라도 서포트가 많고 네트워크가 견실한 사람은 그렇지 않은 사람에 비해 병원의 진료 횟수가 적다는 사실을 알 수 있었다. 또 대기업인 철강 업체에서 단신 부임한 남편을 둔 아내들을 대상으로 한 조사에서도 서포트가 많은 가족일수록 적응 상태가 양호했다.

또 의학적인 데이터에서도 소셜 서포트가 많은 사람일수록 세포가 활성화되어 면역 기능의 저하가 억제되고 있다는 보고가 있다.

그렇다면 왜 풍부한 네트워크가 스트레스로 인한 악영향을 완화시킬까.

　첫 번째로 네트워크가 잘 짜여 있으면 스트레스의 원인이 되는 인간 관계의 트러블이 잘 일어나지 않는다. 주변에 서포트를 아끼지 않는 사람들이 많기 때문에 분쟁이나 갈등 사안들이 잘 발생하지 않는 것이다.

　두 번째로 가령 스트레스를 받았다 하더라도 언제든지 서포트 받을 수 있다고 생각하면 이를 이겨낼 수 있는 것이다. 필요할 때 서포트 받을 수 있다고 생각하는 사람은 그렇지 못한 사람보다 불안감이 적고 높은 성과를 올릴 수 있다는 실험 데이터도 제시되었다.

　세 번째로 이미 논했던 것처럼 강력한 서포트 네트워크를 가지고 있으면 도움이 될 만한 정보나 원조를 쉽게 얻을 수 있다. 이 때문에 스트레스가 심신에 악영향을 미치기 전에 문제를 해결할 수 있게 된다. 스트레스의 영향이 최소화되는 것이다.

　이렇게 말하다 보니 좋은 점만 있는 것 같지만 반드시 그렇지만은 않다. 서포트는 인간 관계 속에서 얻어지는 것인데, 그 인간 관계 자체가 스트레스가 된다는 점을 잊어서는 안 된다. 유사시에 서포트를 받으려면 평소부터 나름대로의 친분을 쌓아 두어야 한다. 또 서포트를 항상 적당할 때 적당한 양만 받을 수는 없는 노릇이다. 어떤 사람의 서포트는 필요 없는데도 받을 수밖에 없는 경우도 있다.

　사람과의 인간 관계는 스트레스를 초래하는데, 그 스트레스는 또 사람과의 관계를 부드럽게 해 주기도 한다. 사람과의 관계는 어디까지나 동전의 양면과 같은 것이다.

제9장

타인과의 갈등에 대처한다

스트레스에 대처한다

스트레스란 과연 뭘까

꼭 바쁠 때만 골라 가며 거절하기 힘든 일을 시킨다. 혹은 눈물이 쏙 빠지도록 야단을 쳐놓고도 변명할 기회조차 주지 않는다. 또는 부하에게 지시를 내렸는데 아무도 거기에 따르지 않는다.

이럴 때 우리는 인간 관계로 인한 엄청난 스트레스를 느끼게 된다. 스트레스라는 학술 용어가 일상 용어로서 완전히 정착되었는데 도대체 스트레스란 무엇일까.

종이를 한 장 준비하자. 이것이 우리의 몸과 마음이라고 생각한다. 이 종이를 좌우로 잡아당기거나 누르거나 구기거나 하면 종이는 여러 가지 형태로 변형된다. 이 변형이 바로 스트레스이다. 이 변형을 일으키는 외부로부터의 힘이나 자극을 스트레서라고 한다.

종이는 어느 정도의 세기라면 변형되었다가도 금방 원래 상태로 되돌아가지만 힘이 지나치게 많이 들어가면 심하게 구겨진 채 원래 상태로 돌아가지 못하거나 못쓰게 된다. 사람의 마음이나 몸도 마찬가지이다. 가벼운 스트레서라면 견뎌 낼 수 있지만 한계를 넘어선 스트레서는 몸의 면역 체계를 무너뜨려 저항력을 약화시킴으로써 여러 가지 다양한 스트레스 병을 유발한다. 위장의 활동을 어지럽히거나 원형 탈모증을 유발하는가 하면, 정신병이나 우울증을 일으키기도 한다.

이렇게 말하면 스트레서는 유해한 것으로 생각되기 쉬운데 그렇게 단순하지는 않다. 적당한 스트레서라면 의욕을 불러일으켜 목표 달성의 기쁨을 가져다주기도 한다. 몸과 마음을 단련시켜 주는 것이다.

좋은 일도 스트레스

인생의 고비에 일어나는 생활상의 큰 변화는 강한 심리적 스트레서가 될 수 있다. 결혼에 의한 스트레스 정도를 50점으로 놓고 보았을 때, 43가지 생활상의 변화가 몇 점인지에 대한 조사 연구가 미국에서 이루어졌다. 그에 따르면 1위는 배우자의 사망으로 100점이고, 이혼, 부부의 별거, 투옥, 근친자의 사망, 본인의 큰 상처나 병이 그 뒤를 이었으며, 결혼은 7위였다. 그 뒤를 실업, 부부의 화해, 퇴직이 잇고 있다.

직무상의 변화에 한해 일본의 조사에서는 1위가 명예 퇴직이고, 단신 부임, 희망에 반하는 새로운 역할이나 일을 맡게 되는 것, 근무지의 변경, 업무 변경, 지위의 하락, 상사로부터의 엄중한 충고나 훈계, 새롭게 많은 부하들을 거느리게 되는 것 등이 그 뒤를 잇는다.

이와 같은 순위를 보면 아무래도 스트레스를 야기하는 사건들이 많지만 긍정적인 사건들도 포함되어 있음을 알 수 있다. 결혼, 부부의 화해, 혹은 새롭게 많은 부하들을 거느리게 되는 것 등이다.

좋은 일도 없느니만 못한 것이다. 좋은 일이라도 번거로우니까 아무 일도 없는 편이 더 낫다는 것인데, 경사스러운 일이라도 그것은 우리에게 새로운 적응을 강요하는 변화임에 틀림없다.

어제와 같은 오늘이 있고 오늘과 같은 내일이 이어진다. 스트레스 학설에서 보면 이와 같은 변화가 없는 나날이야말로 최상의 상태이다.

그러나 이렇게 되면 인생이 너무 심심하고 밋밋하다. 스트레스를 느끼면서도 그것을 극복해 냈을 때 소위 인생의 참맛을 느낄 수 있다. 스트레스는 무조건 피하기만 할 것이 아니라 적당히 즐겨야 하는 것이기도 하다.

동물 실험이 말해 주는 것

이 실험에서는 2마리의 레트(실험용 흰쥐)의 꼬리를 전선에 연결하고 거기에 전기를 흐르게 한다. 레트는 아프다며 이리저리 뛰어다닌다. 레트에게 있어 전류는 엄청난 스트레서이다.

2마리 중 상사로 불리는 레트는 앞다리로 눈앞의 스위치를 한 번 누르면 전류가 끊어진다는 사실을 알고 있었다. 따라서 꼬리가 아프다고 느끼면 스위치를 눌러 전기 쇼크를 피할 수 있었던 것이다. 또 부하로 불리는 다른 레트는 스스로 전류를 끊지 못했다. 상사가 끊어주는 것을 그저 기다릴 뿐이었다.

이 2마리에게 전류를 일정량 흘렸다. 상사와 부하 두 레트가 꼬리에 받은 전기 쇼크의 양은 완전히 똑같았다. 그런데도 레트 2마리의 위를 조사해 보았더니 상사 쪽이 부하보다 궤양이 작았다.

이 결과는 스트레서가 있다 하더라도 자기 스스로 컨트롤할 수 있으면 악영향이 적다는 것을 의미한다. 스트레서의 양보다는 그것을 컨트롤할 수 있는지 없는지가 중요한 것이다. 더구나 컨트롤 가능 여부는 다분히 주관적으로 결정되었다.

예를 들면 오랜 시간 일하고 있는 사람이 그것을 강요된 것으로 느낀다면 장시간 노동은 스트레서가 된다. 스트레스를 일으켜 몸과 마음에 심각한 영향을 미친다. 하지만 자기가 좋아서 오랜 시간 일하는 것이라고 생각하면 장시간 노동이라는 스트레서를 컨트롤하게 된다. 따라서 장시간 노동은 스트레스의 악영향을 나타내지 않는다. 현상적인 사항이 같더라도 그것을 어떻게 받아들이는지는 당사자에 따라 다른 것이다.

스트레스로부터 몸을 지키기 위해서는 현실을 긍정적으로 받아들여야 한다. 주어진 일은 성공의 발판, 그 속에서 긍정적인 측면을 찾아내도록 노력하면서 즐겨야 하는 것이다. 실패에 의기소침해지기보다는 '실패는 성공의 어머니. 중요한 것은 앞으로 어떻게 하는가에 달려 있다'라고 전향적으로 생각해야 한다.

경우에 따라서는 생각을 바꿔 보는 것도 중요하다. 일이 잘 풀리지 않는 것도 당연하며, 실패해도 당연하다는 등 생각을 바꾸면 기분도 좋아진다. 그 다음에 나중에 어떻게 대처할지에 대해 생각한다.

어쨌든 아무 것도 하지 않으면서 일방적으로 스트레서를 맞는 것은 좋지 않다. 스스로 세상과 적극적으로 교류하는 공격적인 자세가 스트레스의 영향을 덜 받는 길이다.

사람을 공격하는 이유

욕구 불만이 공격을 낳는다

욕을 하다, 비난하다, 협박하다, 때리다, 발로 차다, 죽이다.

이런 행동을 총칭하여 대인 심리학에서는 '공격 행동'이라고 한다. 말로써 하는 것은 언어적 공격, 몸에 대한 것은 신체적 공격으로 구분한다.

그러나 이렇게 2가지 유형으로 나뉘는 범주에는 들지 않지만 그 자체로써 어디까지나 인간다운 공격 형태가 있다. 무시, 무반응, 거절이다. 말을 걸어도 대답하지 않는다. 절대 상관하지 않는다. 이것도 훌륭한 공격이다. 심리적인 공격이라는 것도 있다.

그런데 왜 사람은 사람을 공격할까.

태어나면서 갖춰져 있는 본능이라고 생각하는 연구자도 있다. 저 유명한 S. 프로이트는, 인간에게는 죽음의 본능이 있고 그 에너지가 외부로 발산된 것이 공격 행동이라고 생각했다. 동물학자 중에도 생득적인 공격 에너지가 외적 자극에 의해 발현되는 것이 공격 행동이라고 생각하는 사람이 있었다. 그러나 이 같은 본능설은 과학적인 증명이 결여되어 있기 때문에 현대 연구자들은 이를 100% 지지하지는 않는다.

이에 비해 과학적인 증거가 확보된 설로는 욕구 불만이 자극 행동을 야기한다는 '욕구 불만 – 공격 가설'이 있다.

예를 들면 유아가 재미있게 장난감을 가지고 놀 때 그 장난감을 빼앗았다고 하자. 유아에게 있어서 이것은 욕구 불만이다. 빼앗은 어른에게 불만을 토로하고 큰소리로 울면서 발로 차며 덤벼들려고 하는 등의 공격 행동을 보일 것이다.

다음과 같은 실험이 있다.

레스토랑이나 식료품점 등에서 순서를 기다리기 위해 서 있는 줄에 일부러 학생을 끼여들게 한 다음, 그 주변 사람들의 반응을 관찰하는 것이었다. 열의 선두에서 2번째에 끼여든 경우는 12번째에 끼여든 경우와 비교했을 때, 전자 쪽에 공격적인 행동이 많았다.

마찬가지로 새치기를 당했더라도 선두에서 두 번째에 있는 사람 쪽이 이제 곧 원하는 바를 얻을 것으로 기대했기 때문에 욕구 불만이 더 강했다. 욕구 불만이 강했던 만큼 공격 행동도 격렬해질 수밖에 없었던 것이다. 요컨대 욕구 불만의 강도가 공격의 강도를 결정한다는 사실을 증명할 수 있었다.

욕구 불만이 있어도 공격하지 않는다

어느 사원이 일주일이나 걸려 준비한 기획안을 회의에서 열심히 이야기하고 있었다. 그런데 얘기가 다 끝나지도 않았는데 상사가 얘기가 너무 길다며 중간에 말을 끊어 버렸다. 그는 회의가 끝난 뒤 동료 여직원에게 그 화풀이를 했다.

이런 얘기를 들은 적이 있는데, 이것은 욕구 불만과 공격의 관계에 대해 중요한 것을 가르쳐 주고 있다.

먼저 욕구 불만은 바로 그 자리에서 공격 행동으로 표출되지는 않는다는 것이다. 상대가 상사이거나 권한을 가진 사람(예를 들면 경찰관)이면 그 자리에서의 공격은 억제된다.

또 공격 상대가 욕구 불만을 불러일으킨 원인 제공자라고 단정지을 수 없다는 것이다. 다른 사람(대개의 경우 자기보다 약한 사람)이어도 상관없다. 나도 쓰레기통을 집어던지거나 찻잔을 던져 깨뜨렸던 적이 있다.

요컨대 욕구 불만이 있으면 공격이 일어날 확률이 높아지는 것은 틀림없지만 언제, 어디에서, 누구에게 실제의 공격이 실행될지는 예측할 수 없다는 것이다.

그뿐만이 아니다. 욕구 불만이 있더라도 공격 행동이 일어나지 않는 경우도 있다는 것이 최근의 연구에서 증명되었다.

예를 들면 드라이브 가기로 약속한 친구가 1시간 넘게 나타나지 않았다고 치자. 와야 할 상대가 오지 않는다. 이것은 욕구 불만이다. 기다리다 못해 전화해 보니까 그 친구가 '동생이 갑자기 아파서 병원에 데려다 주고 오는 길'이라고 한다면 어떨까. 혹은 막 나가려고 하는데 차가 고장나서 움직일 수가 없었다고 한다면…….

조사에 따르면 이 두 가지 이유는, 약속을 새카맣게 잊고 있었다거나 사실은 드라이브 같은 거 하고 싶지 않았다는 이유에 비해 공격성을 유발하지 않았다.

욕구 불만이 있더라도 그 발생 원인에 납득이 가면 반드시 공격한다고는 할 수 없었다. 이것은 공격 행동을 얼마나 억제하는가를 생각할 때의 중요한 포인트가 된다. 상대가 욕구 불만을 느끼게 했더라도 그 원인을 상대가 납득할 수 있도록 한다면, 다시 말해서 변명을 잘 하면 상대의 공격 행동을 억제할 수 있다는 것이다.

욕구 불만이 없어도 공격한다

피험자가 선생님 역할을 하면서 학생(가짜)에게 단어를 외우게 하는 실험이 있다. 이 때 실험자가 전기 쇼크를 주면 단어 학습을 촉진시킨다는 말을 해 주면 선생님 역할의 피험자는 학생들이 싫어하는 것도 개의치 않은 채 전기 쇼크를 주었다.

이 피험자는 욕구 불만을 전혀 느끼지 않았다. 그런데도 전기 쇼크를 주었던 것이다. 욕구 불만이 없더라도 공격을 정당화할 만한 이유만 있으면 아무렇지도 않게 사람들에게 상처를 줄 수도 있다.

욕구 불만이 있으면 공격이 유발된다는 이야기를 해 왔는데, 욕구 불만 없이도 공격 행동이 일어나는 경우가 있다. 어떤 다른 목적이 있고, 그 목적을 이루기 위해 그 도구로 공격을 이용할 때도 있다. 공격이 도구로 이용되는 경우는 크게 4가지로 나눌 수 있다.

첫 번째는 우리 몸을 방어하기 위한 공격이다. 상대방이 부딪쳐 왔기 때문에 자기도 모르게 밀쳐 버렸다, 괴롭힘을 당하던 아이가 거꾸로 괴롭히던 아이를 혼내 주었다는 것 등이 그 예이다.

두 번째는 강요를 위한 공격이다. 다른 사람에게 뭔가 지시할 때 말로만 해서는 잘 듣지 않는다. 따라서 위협하거나 폭력에 호소하는 경우이다.

세 번째는 제재를 위한 공격이다. 규칙을 위반한 자에게 공격을 가하는 것이다. 형벌, 체벌 등이 그 예이다.

   네 번째는 인상 조작을 위한 공격이다. 폭력을 휘두르는 비행 청소년이나 조직 폭력배처럼 자기를 강하게 보이기 위해 상대방을 공격하는 경우이다.

   이 도구로서의 공격들은 정당화되기 쉽다. 정당화된 공격은 냉정하게 실행된다. 욕구 불만에 의한 공격이 뜨거운 공격이라면 도구로서의 공격은 차가운 공격이다. 정당화된 냉정한 공격은 무섭다.

타인과의 분쟁에 대처한다

피하기보다 대처한다

다른 사람으로부터 비난을 받거나 뒷소리를 듣는다, 또 방해를 받거나 무시를 당하면 대부분의 사람들은 쇼크를 받아 괴로워하며 의기소침해진다.

이렇게 되면 마음의 에너지는 그만큼 소비되고 마모되어 원래의 일에 집중할 수 없게 된다. 그래서 모든 사람들이 대인 관계의 트러블을 피하고자 하는 것이다.

그러나 대인 관계 트러블을 어떻게든 돌파하고자 한다면 대인 관계 트러블은 피할 수 있는 문제가 아니라는 사실에서부터 출발해야 한다.

사람은 각각 나름대로의 개성을 지니고 있다. 사물을 느끼는 방법, 사고 방식, 행동 방식 등 모든 면에서 다르다. 서로 다른 사람들끼리 만나는 것이므로 거기에 대립과 갈등이 일어나는 것은 너무도 당연한 일이다. 그런데도 트러블을 피하는 데에 급급하다 보면 결국 그것을 피하지 못하고 무력감에 빠져들고 마는 것이다. 오히려 대인 관계의 트러블은 피할 수 없는 것으로 치부함으로써 일단 받아들여야 한다. 그 상태에서 '그렇다면 어떻게 대처할 것인가' 식으로 발상을 전환하여 그 대처법을 연구하는 것이다. 그 편이 훨씬 건설적이다.

어느 조사에 따르면, 대인 관계에서 트러블이 생겼을 때 그저 회피하려고만 한 사람은 48%, 그 중 회피함으로써 문제가 해결되었다고 생각하는 사람은 44%였다. 이에 비해 트러블을 어떻게든 대처하려고 노력한 사람은 12%밖에 없었는데, 그 중 문제가 해결되었다고 생각한 사람은 80%에 달했다. 회피하기보다 대처하려고 노력하는 편이 문제는 훨씬 쉽게 해결되었다.

화가 나 있는 동안에는 반응하지 않는다

대인 관계의 트러블에 대처하려면 감정이 남아 있을 때에는 반응하지 말아야 한다.

다른 사람과 언쟁을 벌일 때를 생각해 보자. 감정이 북받치거나 흥분해서 합리적인 사고를 할 수 없는 상태임에 틀림없을 것이다. 자신의 행동이 어떤 결과를 가져올지에 대해서는 전혀 생각하지 않고 상대의 프라이드나 가치를 떨어뜨릴 궁리만 할 것이 뻔하기 때문이다.

감정이 남아 있는 동안에 반응하면 마음속 깊은 얘기까지 다 끄집어내어 공격함으로써 상대방 코를 납작하게 눌러 놓을 수 있을지 모른다. 단기적으로는 이긴 것처럼 느껴지기도 한다. 그러나 장기적으로는 상대와의 관계가 회복 불능 사태로 이어지거나 보복을 당하기도 하는 등 오히려 대인 스트레스만 늘어날 뿐이다.

대인 관계 트러블에 휘말려 있을 때에는 슬픔, 낙담, 억울함, 증오 같은 감정들이 생기는데, 그 중에서도 가장 큰 것이 분노이다.

분노는 급속도로 파급된다. 정신차려 보니 제 분에 못 이겨 폭력을 휘두르고 있는 자기 자신을 심심찮게 발견한다. 대뇌 생리학의 관점에서 보면 급격한 분노는 억제할 수 없다. 또 일단 분노가 외부로 표출되면 뇌가 더더욱 흥분함으로써 분노가 증폭한다는 것을 알 수 있다. 따라서 분노를 컨트롤하고자 한다면 분노 그 자체를 억제할 것이 아니라 분노의 지속 시간을 단축시키는 편이 현명하다.

자신의 분노를 느꼈을 때 바로 입을 다문다. 그리고 의식적으로 깊은 호흡을 계속 반복한다. 의식적인 심호흡은 흥분을 관장하는 교감 신경을 진정시키는 작용을 한다. 마음속으로 '천천히 호흡하라' '침착해라' '10까지 세어라' 라는 주문을 외우면 좀더 효과적이다.

이와 같은 주문과 심호흡이 효과적이라는 사실은 실험으로도 증명되었다. 분노에 못 이겨 상해사건을 일으켰던 비행 청소년들에게 이 방법을 가르쳤더니 배우지 않은 소년들에 비해 충동적으로 반응하는 횟수가 줄어든 것이다.

입을 다물고 심호흡을 하면서 마음속으로 주문을 외운다. 이것을 실행하면 냉정해지는 시간을 벌 수 있다. 그와 동시에 이를 실행하는 동안의 침묵이 상대방에게 메시지를 제공하게 된다. '나는 지금 너무 화가 나 있다. 그것을 참기 위해 노력하고 있다' 라는 메시지다. 이것은 소리를 지르거나 난폭한 행동을 하는 것보다 더 정확하게 상대에게 전달된다. 또 상대방에게도 자기 자신의 행동을 뒤돌아볼 시간을 주게 된다. 이렇게 심호흡과 주문은 나와 상대방 모두 분노에 휘말리는 것을 막아 준다.

자신을 응시한다

심호흡과 주문으로 어느 정도 충동적인 반응이 억제되었다면 다음은 상상을 이용하여 자기 자신을 들여다보자.

대인 트러블 와중에 있는 두 사람은 감정적인 언행이나 행동을 주거니 받거니 하고 있을 것이다. 그 모습을 마치 남의 일인 양 높은 곳에서 내려다보고 있는 자신. 그런 자신을 상상하는 것이다. 그 이미지가 그려지면 상당히 냉정해질 수 있다. 무슨 말을 해야 할지, 어떻게 말해야 할지가 다 보이는 것이다.

이 단계까지 왔다면 상대의 행동에 대해 다른 이유를 생각해 본다. 분노는 상대가 취했던 행동 중에서 맨 처음에 생각했던 이유가 만들어 내는 것이다.

예를 들면 부하 직원에게 중요한 서류를 다시 작성하도록 명령해 놓았는데 며칠이 지나도록 서류를 제출하지 않아 화가 났다고 하자. 화가 난 이유는 그냥 맨 처음에 떠오른 '바로 제출하지 않다니, 도대체 나를 뭘로 보는 거야?' 라는 것이었다.

하지만 상대방 입장에 서서 처음의 생각과는 다른 이유를 생각해 본다. '서류를 더 손질하고 있는지도 모른다' '몸이 안 좋아서 일을 못했을 수도 있다' 라는 식으로 말이다. 이런 이유라면 화가 나지는 않는다.

화가 나 있을 때에는 상대방이 가해자이고 자기는 희생자라고 생각한다. 나쁜 것은 상대이며 나의 분노는 정당하다는 생각이 머릿속에서 소용돌이친다. 그 때 상상을 이용하거나 다른 이유를 생각함으로써 상대도 피해자일지 모른다, 어쩌면 내가 가해자일지도 모른다고 다른 관점으로 사태를 바라보는 것이다.

머릿속으로 이처럼 이런저런 생각을 하다 보면 가령 다른 이유로 납득하지 못하더라도 분노만은 서서히 진정될 것이다.

제10장

자기 자신을 잘 지켜낸다

😐 비난을 잘 이겨낸다

침묵한다

회의석상에서 최 과장이 제출한 기획안에 대해 동료가 비난을 했다. 동료의 비난은 기획안의 결점에 대한 논리적인 것이었지만 그 말을 들은 최 과장은 피가 거꾸로 솟는 듯했고 맥박도 빨라졌으며 입안이 바싹바싹 타들어갔다. 동료에게 지지 않으려고 허겁지겁 반론을 펼쳤지만 자기가 생각해도 주먹구구식이었다. 반론 그 자체도 논리적이지 못했다.

최 과장뿐만 아니라 우리는 얼굴을 맞대고 남과 의논하는 것에 익숙하지 않다. 이런 상황에 처해 본 적도 없고 이런 교육을 받았던 적도 없다.

최근에는 디베이트라는 말을 자주 듣는다. 어떤 테마에 대해 찬성과 반대로 나뉘어 토론을 벌임으로써 승부를 겨루는 것이다. 또 텔레비전에서 많은 논객들이 침 튀어 가며 언쟁을 벌이는 모습을 볼 때도 있다.

그러나 디베이트는 게임이고, 텔레비전 토론은 쇼이며, 이런 것들이 아무리 유행한다 하더라도 일상 생활을 하는 장소나 직장에서 의견을 내놓고 흑백을 분명히 가리는 습관이 길러지는 것은 아니다. 우리는 변함 없이 토론에 익숙하지 않은 상태 그대로이다. 자기 의견이 비난받으면 인격까지 비난받는 것으로 간주함으로써 감정적으로 흐르고 만다.

회사나 조직에서의 회의처럼 공식적인 장면에서는 의논이 성립될지도 모른다. 하지만 서두에서 말한 최 과장의 체험은 결코 예외적인 경우가 아니다. 하물며 사적인 대인 관계에 있어서는 얼굴을 맞대고 의논한다는 것은 더더욱 어려운 일이다.

그러면 어떻게 하는 것이 좋을까.

상대가 나를 향해 비난이나 비판을 가해 올 때 우선은 침묵으로 일관한다. 바로 그 자리에서 반론을 펼치면 안 된다. 정면에서 반론을 펼치면 나나 상대방 모두 논리의 세계에서 감정의 세계로 곤두박질치기 때문이다.

반사시키고 나서 질문한다

상대가 비난을 시작했다면 아무 말 하지 않고 가만히 있는 것이 첫 번째이지만 이를 허용하지 못하는 경우가 많다. 공식적인 자리라면 어떤 답이든 해야 할 것이며 사적인 대화라 할지라도 그냥 묵묵히 앉아 있을 수만은 없을 것이다. 반론하지 않고 무슨 말인가 하기 위해서는 먼저 '반사' 전략을 쓰는 것이 좋다. 반사에 대해서는 이미 '떠들면서 들어라' 항목에서 설명했다. 상대의 말을 반복하는 것이다.

상대는 자기 말이 통하지 않는 것에 대해 공격적인 감정을 품으면서 말이 점점 더 격해진다. 그 말을 반사시켜 '내가 당신의 비난에 귀를 기울이고 있다'라는 메시지를 전하는 것이다. 그러면 상대의 공격적인 감정은 차분한 방향으로 흐른다.

예를 들면 '다시 말해서 내 생각이 너무 안이하다는 말씀이군요'라던가 '그러니까 내가 두 사람 관계에 대해 진지하게 생각하지 않는다는 이 말이군요' 등으로 상대에게 되돌려 주는 것이다.

반사한 뒤에는 질문의 전술을 활용하는 것이 좋다. '내 생각의 어떤 점이 안이하다는 것인지 좀더 자세히 설명해 주시겠습니까?' '제가 진지하지 않다니, 왜 그렇게 생각하시는 거죠?' 라고 묻는 것이다.

이와 같은 질문은 상대방의 말을 자세히 듣겠다는 의지를 전하는 것이므로 상대의 공격적인 감정은 더욱 약화된다. 상대는 질문에 대답하기 위해 이성적으로 바뀐다. 이와 같은 질문에 의해 오해를 풀 수 있는 새로운 정보를 얻는 경우도 있다.

일부는 인정한다

상대가 이쪽을 비난해 오는 경우, 오해가 아닌 이상 아무 근거도 없이 그렇게 하지는 않을 것이다. 상대의 비난이 정당한 경우도 있다.

이와 같은 상황에서 활용할 수 있는 것이 '일부 승인' 전략이다. 이것은 상대가 비난하는 내용의 일부를 받아들임으로써 상대의 기세를 꺾는 전략이다.

'분명히 당신 말에도 일리가 있다. 내 계획에 다소 안이한 부분이 있었는지도 모르겠다' 라던가 '당신이 하는 말에도 일리가 있다. 가끔 나는 진지하게 생각하지 않는 것처럼 보일 때가 있다' 등으로 비난의 일부를 인정하는 발언을 하는 것이다. 하지만 다소, 가끔, 있을지도 모른다는 식의 애매한 표현을 주로 이용하여야 하며 단언을 해서는 안 된다. 또 일부를 인정받음으로써 자신의 비판이 정당한지 더 확인해 보려는 생각도 든다.

상대가 처음부터 감정적으로 비난해 올 때 이용할 수 있는 것이 '말투에 대한 언급' 전략이다. 이것은 비난의 내용에 대해서는 언급하지 않고 상대의 비난 방식에 대해 언급하는 전술이다. '말씀하시는 바는 알겠지만 그런 식으로 말씀하시는 건 아니라고 생각합니다' '저도 잘한 것은 없습니다만 그런 식으로 말씀하지 않았으면 좋겠습니다' 등등. 이와 같이 말하면 상대는 자기 말투에 신경을 쓰게 되고 그만큼 비난의 강도는 약해진다.

단, 이것은 상대의 감정에 기름을 끼얹을 우려도 있다. 반사와 질문 전략을 실천하여 상대가 비난하는 취지는 이해했다는 메시지를 보낸 다음, 또는 일부 승인 전략을 이용하여 상대 주장의 일부를 인정한 다음에 실행하는 것이 무난하다.

또 상황이 허락한다면 혹은 상대가 허락해 준다면 연기 전술을 활용하는 방법도 있다. 반사와 질문으로 상대의 비난을 듣고 나서 '생각할 시간을 주십시오. 나중에 대답하겠습니다' '나중에 냉정을 되찾은 다음 천천히 얘기하지요' 라고 하며 그 자리에서는 비난에 직접 반응하지 않는 것이다. 냉정하게 대응할 수 있도록 생각할 시간을 버는 것이다. 실제로 나중에 만날 장소와 시간을 상대와 합의해서 정하는 것도 좋다.

여기에서 예로 든 전략은 모두 그 자리에서의 감정적인 충돌을 피하기 위한 것이다. 상대를 설복시키는 것이 목적이 아니다. 따라서 이 전략들을 실행할 때에는 표정이나 말투는 가능한 부드럽게 한다. 어디까지나 냉정함을 유지할 필요가 있다.

그럴 듯하게 변명한다

변명의 기본형

"지각해서 죄송합니다. 전철이 연착돼서요……."
 "답장 못해서 미안해. 컴퓨터가 좀 이상해져서 메일을 못 보냈어."
 일상적으로 여러 가지 변명들이 난무하고 있는데 우리가 아무렇게나 변명을 하고 있는 것은 아니다. 필요할 때 일정한 형식을 밟아 변명을 한다.
 변명이 필요할 때는 언제일까? 그것은 어떤 나쁜 결과가 생겨 다른 사람으로부터 그 나쁜 결과와 내가 결부된 것으로 오해받을 소지가 있을 때이다.
 바로 이 때 나쁜 결과와 나의 결부를 가능한 약화시키기 위한 말이 변명이다.
 나쁜 결과를 일으킨 원인은 예를 들면 서두의 예처럼 전철의 연착이나 컴퓨터 이상이라는 당사자의 외측에 있는 원인과, 당사자의 의견이나 책임 등과 같이 내측에 있는 원인으로 구별할 수 있다. 변명의 기본형은 나쁜 결과의 원인을 가능한 외측의 탓으로 돌리는 것이다.
 아무리 해도 외측 탓으로 돌리지 못하고 내측의 원인으로 밝혀질 경우에도 발열이나 상처, 혹은 숙취처럼 예상 외의, 돌연, 통제 불가능한 원인으로 돌려버린다. 그 어떤 의사나 의도 때문에 나쁜 결과가 초래된 것은 아니라고 암시한다.

이 기본형에서 파생된 것이 나쁜 결과를 한정하는 말투이다. 예를 들면 기한까지 일이 끝나지 않은 나쁜 결과에 대해 '이런 일은 정말 거의 없는데, 이번 한 번뿐입니다' '다른 일은 차질 없이 잘 되고 있는데 이 일만 늦어져서……' 라고 말한다. 나쁜 결과가 언제나 일어나는 일은 아니며, 모든 일에서 다 그런 것은 아니라는 취지를 설명하며, 이번 일이 드문 케이스라는 사실을 강조한다. 이렇게 해서 일이 지연된 것은 자기 탓이 아니라 '이번' 일 때문이라고 슬쩍 얘기하는 것이다.

자기 핸디캡을 선언한다

변명은 일반적으로 나쁜 결과가 나타난 뒤에 실행되는데, 나쁜 결과가 나타나기도 전에 실행되는 경우도 있다.

컴퓨터를 잘 못하는 과장이 부하로부터 컴퓨터 기초 교육을 받기 전에 "어젯밤에 엄청 마셔서 말이야. 숙취 때문에 머리가 멍한데……"라고 말하는 경우이다. 이것은 자기가 핸디캡을 안고 있다는 것을 사전에 선언하는 특수한 변명으로, '셀프 핸디캐핑' 이라고 한다.

이런 스타일의 변명은 변명으로 들리지 않는 교묘함이 있다. 때로 겸손해 하는 것처럼 들리기도 하는데, 겸손과는 목적이 다르다. 나쁜 결과에 미리 대비하는 것이다. 자신에게 핸디캡이 있다는 것을 미리 선언해 두면 만약 나쁜 결과가 생기더라도(예컨대 컴퓨터를 잘 배우지 못하더라도) 그것은 밤새 마신 술 때문이지 내 능력 탓은 아닌 것이 된다.

거꾸로 만약 좋은 결과가 나온다면(예컨대 컴퓨터를 잘 배우면) 밤새 술을 마셨음에도 불구하고 좋은 결과를 낸 것이 된다. 이것은 핸디캡 없이 좋은 결과를 내는 경우보다는 상대적으로 뛰어난 능력의 소유자가 되는 것이다.

미리 선언해 둔 핸디캡은 나쁜 결과를 대비하는 동시에 좋은 결과가 생겼을 때에는 부가 가치를 낳는다. 아무튼 자기 핸디캡을 언급함으로써 자기를 지킬 수 있다.

이 교묘한 변명은 지금부터 하는 일이 자기 가치나 자존심에 있어서 중요한 과제이며, 그럼에도 불구하고 좋은 결과를 낼지 확신이 들지 않아 자기 평가나 자존심이 흔들릴 우려가 있을 때 활용한다.

그래서 개중에는 스스로 핸디캡을 만드는 사람도 있다. 컴퓨터를 잘 못하는 과장이 컴퓨터 강습회 전날 밤에 일부러 부하를 불러내 밤새 술을 퍼마시게 한다던가 합격할 자신이 없는 수험생이 중요한 시험을 앞두고 감기 들 만한 일을 일부러 한다던가 하는 것이다.

이처럼 자기 이익에 반하는 조건을 스스로 만들어 내는 자멸적인 행위는 어떻게 보면 이해하기 어려운 행동이다. 하지만 이 자멸적인 행위는 나쁜 결과가 나왔을 때의 변명거리가 됨으로써 적어도 일시적으로는 자기 평가나 자존심을 지키는 데 도움을 준다.

누구를 위한 변명인가

변명이 효험을 발휘하면 사람들로부터 나쁜 결과의 장본인으로 찍히지 않아 자기 평가를 유지할 수 있다. 또 자기에게 있어서도 자신감이나 자존심을 무너뜨리지 않아도 된다. 즉 변명은 자신의 상처를 최소화할 수 있는 것이다.

이처럼 변명은 상황에 따라 이렇게 저렇게 말이 달라지기 때문에 일반적으로는 들어주기 힘든 것으로 간주된다. 그러나 변명은 자기 이익만을 위한 것은 아니다. 실은 변명을 듣는 쪽에도 중요한 작용을 한다.

앞의 예로 얘기하자면 약속 시간에 매일처럼 늦는 사람이 아무 변명도 하지 않는다면 기다리던 쪽의 불안과 분노를 어떻게 처리할까. 상대에게 직접 부딪치던지 거꾸로 가만히 참는 수밖에 없다. 또 메일 답장을 쓰지 못한 사람이 아무 변명도 하지 않는다면 메일을 보낸 쪽은 어떻게 해석할까. 상대방이 자기를 싫어한다고 불안하게 생각할지도 모른다.

이에 비해 '전철이 연착돼서……' '컴퓨터가 좀 이상해서……' 라는 말을 들으면 그 변명에 편승하여 분노나 불안 같은 자기 감정을 정리할 수 있다. '그런 이유라면 어쩔 수 없지' '나를 싫어하는 건 아니구나' 라고 말이다.

다시 말해서 변명은 하는 쪽과 듣는 쪽의 감정이 직접 부딪치는 충격을 완화시켜 주는 완충 장치와 같은 역할을 하는 것이다.

잘 하지 못하는 변명이라도 하는 것이 낫다는 영국 속담이 있다고 한다. 변명은 자기를 위해서가 아니라 상대를 위한 것이기도 하다. 이런 사실을 명심하고 상대가 기분 좋게 납득할 수 있는 그럴듯한 변명을 해 주는 것이 중요하다.

자기 생각을 잘 전달한다

어서션이라는 생각

당신이 결혼해서 부부가 함께 살고 있다고 하자. 청소나 빨래, 식사 준비 모두를 당신이 하고 있다. 적어도 목욕탕 청소 정도는 상대방이 좀 해 주었으면 하는 바람이 있다. 어느 날 밤, 당신이 욕조를 닦고 있는데 남편이 취해서 들어왔다. 당신은 오늘밤에 그 말을 꼭 해야겠다고 생각했다. 이제 당신은 어떻게 할 것인가.

자신의 욕구나 생각이 상대의 욕구나 생각과 합치되지 않는다는 것은 잘 알고 있지만 그래도 자기 생각을 상대방에게 전하고자 한다거나, 말하기 어려운 내용을 상대방에게 전달해야 할 때가 있다. 이런 상황에서 우리가 취하는 행동 패턴에는 2가지가 있다.

그 하나는 그냥 아무 말 하지 않고 참는 것이다. 생각만 하다가 결국에는 아무 말도 하지 못하고 아무 일도 없었던 것처럼 행동한다. 상대방의 감정을 존중하며 상대 의견에 따른다.

또 한 가지는 공격적인 태도로 나가는 것이다. 자기 욕구나 생각을 강한 어조로써 상대에게 감정적으로 공격한다. 서두의 예에서 보자면 '나는 이 집 가정부가 아니야. 하나부터 열까지 혼자서는 다 못해! 당신한테는 양심 같은 것도 없어?' 라며 화를 내는 패턴이다.

아무 말 않고 참기만 해서는 상황이 바뀌지 않는다. 말하고 싶은 것이 가슴속에 쌓일 뿐이다. 계속 참으면서 상대를 미워하거나 증오하면 상대와의 관계가 더 악화될 수도 있다.

그렇다고 해서 공격적인 태도로 나가면 상대가 반발하기 때문에 내 생각은 더 전해지지 않는다. 역시 상대와의 관계가 악화될 위험성이 큰 것이다.

나와 상대방 모두 기분 상하지 않고 자기 욕구나 생각을 잘 전달할 수는 없을까. 이런 요구에 적합한 커뮤니케이션 기술이 어서션(assertion)이다.

어서션이란 주장성을 말하는데, 주장이라는 말이 의미하는 '자기 말만 일방적으로 고집하다'와는 근본적으로 다르다. 나와 상대 모두를 존중하면서 자기 욕구나 생각을 솔직하게 표출하는 것, 분노나 불안, 혹은 애정이나 기쁨까지 솔직하게 전하는 것이다.

어서션 화법

어서션 발상에 필적할 만한 화법이 있다. 이에 대해 알아 놓으면 자기 생각을 좀더 자연스럽게 전달할 수 있다.

먼저 '당신' 메시지와 '나' 메시지를 구별할 필요가 있다.

명령이나 설교, 비판은 대개 '당신'이 주어가 되고, 상대에게 초점을 맞춘다. '(당신은) 빨리 일 시작해요' '(당신은) 공부 좀 열심히 하세요' '(당신의) 그 방법은 틀렸어요' 등 이들은 '당신' 메시지이다.

한편 '나' 메시지는 주어가 '나'이며, 화자 자신의 생각을 전하는 화법이다.

중요한 것은 '당신' 메시지로 전하려는 것은 '나' 메시지로도 전할 수 있다는 점이다. 앞의 예를 이용한다면 '(나는) 빨리 일을 시작했으면 좋겠다' '(나는) 공부 좀 더 열심히 했으면 좋겠다' '(나는) 그 방법이 괜찮을지 걱정이에요' 라고 바꾸어 말할 수 있다. '나' 메시지는 제안형 화법이다.

상대에게 뭔가 요구할 때의 화법도 알아두면 좋다. 느닷없이 요구하는 말만 하고 끝낼 것이 아니라 '감정+설명+의뢰'의 형식을 활용한다. 자기가 어떻게 느끼는지(감정), 왜 그렇게 느끼는지(설명), 왜 그렇게 하고 싶은지(의뢰)에 대한 3요소를 넣는다. 그 순서는 상관없다.

앞의 예를 바꿔 말하면 '나 혼자만 집안일을 하는 것은 불공평하다고 생각해. 그게 불만이야. 목욕탕 청소만이라도 해줬으면 좋겠어' 라고 한다.

주장만 하면 안 된다

우리 세미나에 참가하는 학생이 다음과 같은 실험을 했다.

자기 요구를 상대에게 전하는 장면을 성우에게 연기해 달라고 부탁하여 4종류의 MD(미니디스크)를 만들었다. 처음부터 끝까지 계속 주장하는 경우, 처음에는 주장하다가 나중에는 상대에게 양보하는 경우, 처음에는 양보하다가 나중에 주장하는 경우, 처음부터 끝까지 상대에게 양보하는 경우 등이다. 등장 인물의 목소리는 모든 MD가 같았다. 이 MD를 많은 평가자들에게 들려준 다음 등장 인물들을 평가하게 했다. 그 결과 가장 호감도가 높은 것은 주장하다가 양보하는 인물, 다음이 양보만 하는 인물이고, 가장 호감도가 떨어지는 것은 주장만 하는 인물이었다.

어서션은 자기 주장을 중시하는 미국에서 생겨난 개념이다. 우리가 미국식 어서션을 그대로 실행하면 거침없이 내뱉는 인물이라는 인상을 줄 수도 있다. 인간 관계가 오히려 더 꼬이거나 뒤탈이 생길 염려도 있다. 우리 실정에 맞는 어서션을 실행해야 할 것이다.

어서션을 실행하기 전에는 실행할 가치가 있는 문제인지 자문해 볼 필요가 있다. 또 이쪽의 요구로 상대가 변할 가능성이 있는지에 대해서도 생각해 보아야 한다. 말을 해도 통할 사람이 아니라면 오히려 말하지 않는 편이 낫다.

타이밍도 중요하다. 같은 말을 하더라도 타이밍이 나쁘면 상대는 들을 마음이 없어지거나 화를 내는가 하면, 위협을 느껴 방어적이 되기도 한다. 내용에 따라서는 그 자리에서 바로 말하는 것이 효과적인 경우도 있지만, 다음 기회로 미루는 것이 더 나은 경우도 있다. 화제에 따라서는 자기 감정이 컨트롤될 때까지 기다리는 것도 필요하다.

요구나 의뢰의 내용은 가능한 구체적으로 말하자. 암시하는 말투나 애매한 말투는 피한다. 또 한 번에 하나씩만 말하는 것이 원칙이다. 벼르고 벼르다가 드디어 기회다 싶어 한꺼번에 쏟아 내는 작전이 별로 좋은 방법은 아니다. 자칫하면 한 가지도 제대로 들어주지 않을 수도 있기 때문이다. 또 표정, 음성, 몸짓 등이 상대를 공격한다는 인상을 주지 않도록 신경 쓸 필요도 있다. 가능하면 미소를 띠운 채 침착한 목소리를 유지해야 한다.

우리 식의 어서선을 실행한다는 것은 상당히 어려운 일이다.

제11장

대인 감정을 파악한다

감성 지능(EQ)이 중요한 이유

감성은 이성을 마비시킨다

대인 심리학에서는 우리를 동요하게 하는 분노, 공포, 수치심, 슬픔, 혹은 기쁨 등과 같은 감정을 '감성'이라고 부른다. 감성은 분명한 원인으로 급속히 발생하여 심박수의 증가나 발한 같은 생리적 반응을 동반하며, 비교적 짧은 시간에 소실되는 감정이다. 감성은 반사적이고 원시적인 행동을 낳게 하며 이성을 마비시키는 경우도 있다.

예를 들면 차를 난폭하게 몰게 한 나의 체험 같은 것이다.

어느 날 내가 추월 금지 도로를 법정 속도로 운전하고 있을 때의 일이다. 뒤차가 헤드라이트를 깜박였다. 빨리 달리라는 신호 같았다. 무시하고 그냥 달리자니 클랙슨을 울려 댔다. 그것도 무시하자 추월하려고 했다. 2대의 차가 나란히 달릴 때 운전자와 눈이 마주쳤다. 이쪽을 쳐다보며 뭔가 소리치고 있었다. 나도 '이 바보야!'라고 외치며 액셀러레이터에 힘을 주었다. 2대의 차는 잠시 나란히 달리다가 어느 순간 내 차가 추월당했다. 나는 액셀러레이터를 더 힘차게 밟으며 그 차를 집요하게 추격했다. 조금 지나 냉정함을 되찾자 차도 법정 속도로 돌아왔다.

인류의 학명은 '호모 사피엔스', 지성인이라는 뜻이다. 나도 인류의 한 사람이자 지성인이다. 교양도 지식도 있다(고들 한다). 그런데도 화가 머리끝까지 난 순간 지성이고 교양이고 아무 것도 없었다. 자기 직업도, 두 딸의 아버지라는 사실도 잊은 채 위험하기 짝이 없는 반응을 보이고 말았던 것이다.

이처럼 감성이 이성을 마비시켜 버리는 것은 머릿속에 감성을 컨트롤하는 뇌와 이성을 컨트롤하는 뇌가 병존하기 때문이다. 진화의 관점에서 보면 나중에 발달한 새로운 뇌가 이성적인 판단을 내리기 전에 오래된 뇌가 단순한 판단을 내림으로써 몸 전체에 명령을 내리고 마는 것이다. 뇌의 이러한 시스템은 진화론적으로는 인류가 살아남는 데 중요한 작용을 해 왔다. 그러나 현대의 우리가 살아남기 위해서는 자연의 맹위나 외적에 맞서 싸우는 것보다 주위에 있는 사람들과 협조적으로 살아가는 것이 더 중요하다.

차가 추월당했다고 해서 바로 투쟁 본능이 튀어나온다면 제대로 살아남을 수 없다.

감성이 이성보다 나을 때

감성은 원시적인 반응을 낳기 때문에 현대인에게는 불필요한 것으로 간주되기 쉽지만 그렇지 않다.

감성에는 사람을 동요하게 하는 힘이 있는데, 그것이 유익한 결과를 낳는 경우도 있다. 라이벌에게 경쟁 의식을 가지기 때문에 더 열심히 일한다. 불합격할 수도 있다는 불안 때문에 시험 공부를 더 열심히 한다. 연인의 격려로 얻게 된 에너지 때문에 힘든 일에도 잘 견뎌 낼 수 있다. 감성은 우리에게 넘치는 활력과 정감을 가져다 준다. 또 이성만으로는 해결할 수 없는 문제를 해결해 주는 힘도 있다.

　이혼 직전까지 갔던 친구가 있다. 그는 직장의 젊은 여직원과 바람을 피웠다. 이 사실을 알게 된 부인은 그 두 사람을 용서하지 않겠다고 했다. 그 이유를 아내는 냉정하면서도 논리적으로 설명했다. 논리에 빈틈이 없었고 친구에게는 반론의 여지가 없었다. 아내도 일을 가지고 있었고 아이도 없었기 때문에 두 사람은 이혼하는 수밖에 없다고 판단했다. 드디어 이혼 서류에 도장을 찍는 날 밤, 아내는 처음으로 그의 앞에서 울었다. 흐느껴 울면서 당신을 아직도 사랑한다고 말했다. 이 모습을 보고 그도 처음으로 마음 저 밑바닥에서부터 내가 정말 몹쓸 짓을 했구나 하는 것을 느껴 아내에게 진심으로 사죄했다고 한다.

　신체적인 위기에 빠졌을 때는 물론, 소중한 물건이나 사람을 잃었을 때, 좌절을 극복해야만 할 때, 이성과 진정한 사랑을 맺으려 할 때, 이성에게만 맡겨 놓을 수 없는 중요한 국면에서 감성은 우리를 이끌어 준다.

감성과 이성의 통합

처음에 논했던 것처럼 이성이 너무 강하면 이성을 억압하고 마비시켜 버릴 때가 많다. 그렇게 되면 우리는 원시적이며 충동적인 행동을 보이다가 결국에는 나중에 후회할 만한 일을 저지르고 만다.

　그래서 요구되는 것이 감성과 이성의 통합이다. 감성은 감정과 관계된 정보를 이성에게 보내 행동을 하도록 촉구한다. 이성은 이 정보들을 받아들여 종합적인 판단을 내리며, 때로는 감성의 지시를 거부하거나 감성 그 자체를 억제시킨다.

이처럼 감성과 이성이 긴밀한 제휴를 유지하고 이 양자가 조화롭게 활동할 수 있도록 하는 것이 지성이다. 이러한 지성을 '감성 지능'으로 부르자고 주창한 사람은 P. 살로베이와 J. 메이어이며, 일반인들에게 널리 알린 것은 D. 골먼이다. Emotional intelligence(감성 지능)를 약기하면 EI이지만 EQ로 널리 알려진 것은 잡지 〈타임〉이 '인생에서의 성공 여부는 IQ가 아니라 EQ' 라는 기사를 게재했기 때문이다.

IQ만 높은 사람은 가령 학교에서 좋은 성적을 거둬 어려운 입시에 합격했다 하더라도 사회에서 반드시 성공한다고는 할 수 없다. 인간 관계의 알력에 밀려 자신의 재능을 온전히 발휘하지도 못한 채 끝내는 경우가 많다. 인간 관계는 애매함이나 그 어떤 모순에 견뎌 낼 수 있는 힘이 요구되는데, IQ만 높은 사람은 여기에 약하기 때문이다.

한편 EQ가 높은 사람은 감성이 강하지만 적절한 컨트롤로 이성적인 판단이나 대응이 가능하다. 자기 감성을 정확히 파악하고 있으므로 분노를 느끼더라도 지혜롭게 억제하고, 불안이 생기더라도 거기에 지지 않으며, 기쁨을 느끼면 이를 솔직하게 표현한다. 타인의 기분을 배려할 수 있기 때문에 어려운 인간 관계를 잘 헤쳐 나간다. 그 결과 자기 능력을 충분히 발휘하여 인생의 목표를 차근차근 이뤄 나간다. 진정한 의미에서 현명한 사람이다.

이렇게 말하면 EQ가 높은 사람은 우리와는 전혀 다른 별세계의 초인처럼 느끼기도 하겠지만 EQ라는 개념이 중요한 것은 IQ와 달리 유전적인 요소가 적다는 점이다. 감성 자체는 유전적인 요소로 결정되는 부분이 많으며 그것이 각 개개인의 기질을 결정한다. 그러나 감성을 이성과 잘 통합하는 능력 EQ는 훈련이나 학습을 통해 끌어올릴 수 있다. 감성을 잘 이용하는 방법이나 요령을 터득하는 것이 중요하다. 당신의 IQ는 쉽게 변하지 않지만 EQ는 얼마든지 끌어올릴 수 있다.

부끄러움의 역할

언제 부끄러울까

"당신은 언제 부끄러움을 느끼나요?"

이런 질문을 받는다면 당신은 어떻게 답하겠는가.

실제로 여러 사람들에게 질문하여 그 답을 분류한 연구에 따르면, 가장 많이 거론되는 것이 어떤 실수를 했을 때라고 한다. 실수의 내용은 파티 석상에서 음식을 떨어뜨리는 등의 일상적인 행동이 자연스럽게 잘 되지 않았을 때나, 아는 사람인 줄 알고 말을 붙였는데 알고 보니 다른 사람이었다는 등의 사람을 잘못 알아본 경우, 또 사적인 생각(본심이나 내심, 이해 불가능한 꿈 등)이나 사적인 정보(몸의 결점, 사생활 등)를 얼떨결에 흘린 경우 등이 있다.

다른 사람에게 그 실수를 지적받거나 비난받을 때에도 부끄러움을 느낀다. 알고 있는 척했다가 나중에 들통났다, 많은 사람들 앞에서 상사에게 큰소리로 혼이 난 경우 등이다.

이상과 같이 실수했을 때 부끄러움을 느끼는 것은 어떤 의미에서는 당연할지 모르지만 부끄러움의 이상한 점은 칭찬받거나 주목받을 때, 혹은 갑자기 친밀해졌을 때에도 느낀다는 점이다. 예를 들면 이성으로부터 은근한 눈빛을 느꼈다, 갑자기 키스를 받았다 등의 경우에도 느낀다. 부끄러움은 분노나 슬픔을 불러일으키는 부정적인 경우와 기쁨이나 행복을 느끼는 긍정적인 경우 양쪽 모두에서 생기는 감정이다.

또 다른 사람의 실수를 듣거나 볼 때에도 부끄러움을 느낄 때가 많다. 이것은 다른 사람에게 주목하고 있는 동안 그 사람이 부끄러움을 느낄 것이라고 생각하여, 그 부끄러움을 자기 안에서 재현하기 때문에 생긴다. 이것을 '공감적 수치'라고 한다.

부끄러울 때의 표정

부끄러울 때 우리는 독특한 표정이나 행동으로써 주위에 표출한다. 얼굴이 붉어지거나 멋쩍게 웃기도 하며, 때로는 시선을 피하기도 하고 손으로 얼굴을 감싸쥐기도 한다. 또 머리를 긁적이거나 혀를 내밀기도 한다.

그 중에 머리를 긁적이거나 혀를 내미는 행동은 나라에 따라서는 다른 의미로 해석되기도 하지만 빨개진 얼굴, 미소, 시선 회피 등의 3가지 현상은 창피할 때의 3대 요소로, 국가와 문화적으로 거의 차이가 없다.

우리는 유쾌할 때에도 웃지만 창피할 때의 웃음과 유쾌할 때의 웃음을 착각하는 경우는 없다. 이 구별을 가능하게 하는 것이 바로 시선 회피이다.

그러나 웃으면서 시선을 피하면 부끄러워하는 표정이 된다는 식의 단순한 공식이 아니다. 왜냐 하면 유쾌하게 웃을 때에도 끝까지 상대방의 눈을 보고 있을 수는 없다. 언젠가는 시선을 거두기 때문이다. 그런데도 양자는 어떻게 구별되는 것일까.

창피할 때의 표정을 수십 종류로 녹화하여 분석한 연구에 따르면, 수치와 유쾌에서는 시선을 회피하는 타이밍이 달랐다. 유쾌할 때에는 미소가 피크에 달한 다음 시선을 거두지만, 부끄러울 때에는 미소지은 입가가 가장 높이 만들어지기 직전에 시선을 거두는 것이다. 시간으로 말하자면 0.5초에서 1초 반 정도의 차이다. 이 미세한 차이가 같은 웃음이라도 부끄러움인지 유쾌함인지를 알게 하는 것이다. 물론 실제의 대인 장면에서는 이야기의 흐름이나 상황이 큰 단서가 된다. 또 얼굴이 빨개진다던가 하는 현상이 더해지므로 틀리는 경우는 거의 없다.

왜 부끄러워할까

개나 고양이도 분노나 기쁨은 표현하지만 부끄러움은 표현하지 않는다. 부끄러움을 느끼는 것은 인간뿐이다. 그것은 인간만이 자기 겉모습을 보는 눈과, 자기 내부를 들여다볼 수 있는 눈 하나를 더 가지고 있기 때문이다.

이 '내재된 눈'은 항상 자기 행동이나 모습을 바라다보면서 잘못된 행동을 하고 있지는 않은지, 감정적으로 흐르지는 않는지를 체크하고 있다. 그래서 부적절한 행동이 있다고 판단되면 부끄럽다는 감성을 환기시키는 것이다.

창피하다고 느끼면 우리는 재빨리 제자리로 돌아와 사태가 더 이상 악화되지 않도록 자기 행동을 수정한다. 얼굴을 붉히고 시선을 피하면서 멋쩍은 미소로 부끄러운 표정을 지음으로써 상대방에게

'제가 정말 부끄러운 짓을 했습니다' '저는 제 행동을 뉘우치고 있습니다' 라는 반성이나 후회의 메시지를 보내는 것이다.

'내재된 눈'의 체크 기준은 다른 사람으로부터의 기대이다. 눈앞에서 진행되고 있는 상황 속에서 계속 잘 어울리는 인물이기를 바라는 다른 사람들의 기대, 이 기대를 저버릴지의 여부를 이 '내재된 눈'이 체크하고 있는 것이다. 이런 의미에서 내재된 눈은 타인의 눈을 자기 안으로 끌어들인 것으로 생각할 수도 있겠다.

이렇게 생각하면 칭찬이나 주목을 받을 때에도 부끄러움을 느끼는 이유를 설명할 수 있다. 칭찬이나 주목이 과도한 기대의 표현이라면 체크 기준이 올라가게 된다. 올라간 기준과 현재의 나 사이에 갭이 생기므로 창피하다고 생각하는 것이다. 그 결과 창피해하는 표정이나 동작을 보이면서 '과찬이십니다.' '그 정도는 아닙니다.' 등의 말로 상대의 과잉 기대를 수정하는 메시지를 보내는 것이다.

이처럼 부끄러움은 우리가 적절한 모습을 남에게 보임으로써 인간 관계를 양호하게 유지할 수 있도록 행동에 제약과 지침을 부여해 준다. 부끄러움을 느끼기 때문에 어떤 행동은 피하는 대신 또 어떤 행동은 자랑스럽게 할 수 있는 것이다. 부끄러움은 우리에게 신중함과 기품을 부여한다. 부끄러움을 느끼는 것은 인간뿐이라고 할 때, 부끄러움을 알지 못하는 사람은 이미 인간이 아닐 수도 있겠다.

왜 질투할까

질투의 작용

아내와 단 둘이 살고 있는 사람이 평상시보다 일찍 귀가했다. 현관으로 들어서는데 안방에서 헐떡이는 소리가 들려 온다. 아내 이름을 작게 불러 보았지만 대답이 없다. 발 밑을 보니 낯선 신발이 보인다. 안방 쪽을 향해 힘껏 문을 열어 젖혔더니 침대 위에 아내와 모르는 남자가 나체로 눈을 크게 뜬 채 이쪽을 보고 있다.

이런 장면을 TV 드라마나 영화에서 자주 보는데 당신이 실제로 바람 피우는 현장을 잡았다면 어떻게 할 것인가. 남성이라면, 아니 여성도 폭력적인 행동을 보일지 모른다. 여성이라면, 아니 남성이라도 울부짖으면서 그 곳을 뛰쳐나올 것이다.

사랑하는 사람의 애정이 다른 사람에게로 옮겨갔을 때, 또는 그 같은 상황을 상상할 때 생기는 감정을 질투라고 한다. 질투는 분노, 후회, 회한, 슬픔, 굴욕 등이 교차되는 종합적인 감정이다. 이 감정은 연애 관계에 있는 두 사람에게 중요한 작용을 한다.

사랑하는 사람과 안정된 관계를 만들고 함께 살아갈 수만 있다면 큰 이익을 얻을 수 있다. 부족한 부분을 서로 보완해 주고 자원을 공유하며 협력을 통해 어려움을 이겨 나갈 수 있다. 신체적으로나 정신적으로, 또 경제적으로도 좋은 성과를 올릴 수 있다.

이런 성과를 올린 두 사람 사이로 연애 감정을 갖는 제3자가 끼여

들면 두 사람 관계는 붕괴 위기에 직면하게 된다. 질투는 이 위기가 다가오고 있음을 알려주는 경보기인 것이다.

질투라고 하는 경보 부저가 울리면 경계 태세에 들어가게 되면서, 두 사람 사이의 위험 인자를 제거하거나 줄이기 위한 반응이 일어난다. 바람을 피우지 않도록 감시한다, 바람 피우지 말라고 상대를 협박한다, 울부짖거나 폭력을 휘두른다, 라이벌을 욕한다, 혹은 라이벌과 직접 싸운다, 라이벌에게 위해를 가한다 등등. 이런 반응들은 애인이나 배우자가 라이벌과의 접촉 기회를 줄임으로써 라이벌을 멀리하게 하는 효과가 있다.

질투는 이렇게 두 사람 사이가 깨지는 것을 막기 위한 작용을 하게 된다.

질투에 있어서 남녀 차

질투(嫉妬)라는 한자를 보면 질투가 여성의 전유물이라는 생각이 들지만 사실은 그렇지 않다. 각종 조사와 7개 국에서 실시한 국제 비교 조사에 따르면 질투를 하는 빈도와 강도에 있어 남녀 차이는 인정되지 않았다. 앞의 예와 같은 상황에서는 오히려 남성이 훨씬 더 심각하다.

그러나 무엇이 질투를 불러일으키는지, 그 원인에 대해서는 확연한 남녀 차를 볼 수 있었다.

어느 실험에서 피험자에게 '질투하는 역할을 하기 위해' 라는 명목으로 몇 가지 시나리오 중에서 피험자 스스로가 공감할 수 있는 것 하나를 고르게 했다. 시나리오는 수십 종류를 준비했지만 내용적으로는 애인이 다른 사람과 육체 관계를 갖는 것과, 애인이 다른 사람을 위해 돈을 주거나 힘을 써 주는 것 2종류였다. 남성 피험자 중 80%는 전자의 시나리오를 선택했고 여성 피험자의 85%가 후자의 시나리오를 택했다.

다른 실험에서는 생리적인 반응도 측정했다. 피험자에게 애인이 성적인 배신 행위를 하는 모습과 정신적인 배신 행위를 하는 모습을 각각 구체적으로 상상하게 했다. 남성 피해자는 성적으로 배신했을 때 맥박이 많이 올라갔고, 피부의 전기 유도체가 상승하면서 흥분을 나타냈으며 불쾌감을 나타내는 이마의 근육도 수축했지만, 정신적인 배신일 때에는 거의 변화를 보이지 않았다. 여성 피해자는 전혀 반대로, 정신적인 배신일 때 생리적인 동요와 불쾌감을 나타냈다.

이 연구 결과로 남성의 질투는 애인이 다른 남성과 육체 관계를 가질 때(가진다고 상상할 때) 유발되며, 여성의 질투는 애인이 노력이나 시간을 다른 여성에게 쏟을 때(쏟는다고 상상할 때) 유발된다는 것을 알 수 있었다.

남성이 '저 여자와는 육체 관계를 맺지 않았다. 그저 고민이 있다고 해서 들어주었을 뿐'이라고 변명해 보았자 애인의 질투를 막을 수는 없다는 얘기다. 마찬가지로 여성이 '저 사람에게는 마음을 열지 않았다. 그저 약간의 호기심으로 관계를 가졌을 뿐이다. 정말 사랑하는 것은 당신뿐'이라고 호소하더라도 남성은 결코 받아들이지 않는다.

그렇다면 왜 이런 남녀 차이가 생겼을까.

남녀 차의 이유

진화론적 입장에서 보면 남성이 자기 유전자를 확실히 남기기 위해서는 여성에게 자기 아이를 낳게 할 수밖에 없다. 틀림없이 자기 아이여야만 한다. 자기 아이로 생각하고 다른 남성의 아이를 양육하는 데 온힘을 쏟는다면 노력이 수포로 돌아가는 것은 물론, 자기 유전자를 도태시킬지도 모르는 라이벌의 유전자를 남기는 꼴이 된다.

이런 비극(희극?)을 막기 위해서는 애인이나 배우자가 다른 남성의 아이를 임신하지 못하도록 저지해야만 한다. 그래서 애인이나 배우자가 다른 남성에게 접근하거나 다른 여성이 접근하고 있다는 것을 알아챈 순간 질투라는 경보 부저가 울리는 것이다. 즉 남성에게 있어 애인이나 배우자가 다른 남성과 육체 관계를 맺는지의 여부가 가장 중요한 점이며, 그 점을 민감하게 관찰하는 경보 장치를 진화 과정에서 발전시켜 온 것이다.

한편 여성에게 있어 자기 유전자를 확실하게 남기기 위해서는 자기 아이를 안전하고 확실하게 성장시켜야 한다. 그러기 위해서는 애인이나 배우자로부터 양육을 위한 자원이나 헌신을 확보할 필요가 있다. 애인이나 배우자가 다른 여성에게 자원이나 헌신을 나누어주게 되면 자기 아이가 생존 위기를 맞는 것은 물론, 더 나아가 라이벌의 유전자를 남기게 된다. 그래서 자기 애인이나 배우자가 다른 여성에게 자원이나 헌신을 나누어주지 못하도록 저지한다. 그 결과 여성은 여기에 민감한 경보 장치를 발전시켜 온 것이다.

질투는 이렇게 해서 남녀 차가 생기게 되었는데, 남성이든 여성이든 질투가 많아진다고 해서 두 사람 관계가 공고해지는 것은 아니다. 질투심이 너무 심해서 오히려 관계가 깨지는 경우가 많다. 적절한 질투가 요구되지만 이것이 정말 어려운 문제이다.

제12장

친밀한 관계가 끝나다

연애 관계가 끝났을 때

헤어지는 연인들

남자, 또는 여자가 많은 이성들 중에서 한 사람만을 선택하면서 '이 사람이야말로 정말 특별한 사람'이라고 생각한다. 이렇게 연애 관계는 시작되지만 시간이 흐름에 따라 더 이상 '특별한 사람'이 아니게 되어 버리는 커플이 있다. 아니, 숫자상으로만 보면 관계가 깨진 커플이 더 많을 것이다.

하지만 한편 연애 관계를 오래 유지하는 커플도 있다. 양 커플의 차이는 어디에 있을까.

데이트 관계에 있는 대학생들을 추적 조사한 결과에 따르면 3개월 사이에 헤어진 커플은 계속 만나는 커플에 비해 두 사람 관계에 만족하지 못하고, 상대에게 친밀감을 느끼지 못했으며, 성 관계 비율도 낮았고, 쉽게 다른 상대를 찾을 수 있다고 생각했다.

대학생 커플 231쌍을 2년 동안 추적한 조사에서는 헤어진 커플은 계속 만나는 커플에 비해 이미 처음 단계에서 일정한 특징을 지니고 있었다. 서로의 친밀 정도나 결혼 가능성을 낮게 평가했으며, 상대에 대한 애정도 약했다. 두 사람 관계를 보는 시각에도 차이가 있어, 한쪽은 애정이 깊었지만 상대편은 그렇지 않은 특징도 발견되었다. 또 두 사람의 나이 차이도 많았으며, 신체적인 매력 정도에 있어서도 차이가 있었다.

이와 같은 조사 결과를 통해 말할 수 있는 것은, 헤어진 커플은 처음부터 두 사람 사이에 어떤 문제나 불균형적인 부분을 내포하고 있었다는 것이다.

이런 커플은 사소한 계기가 있으면 관계가 깨진다. 대학생의 경우 졸업이 그 계기의 하나가 될 수 있다. 대학생들의 이별은 3개월이 압도적으로 많았다.

이별의 '경제적인' 원인

헤어진 커플은 애정의 정도가 서로 달랐고, 나이 차이도 많았으며, 신체적인 매력 정도에도 차이가 있어 3개월을 넘기지 못하고 있다. 이런 특징들은 서로 관련이 없어 보이지만 한마디로 말하면 코스트와 보수의 밸런스가 무너졌다고 할 수 있다.

여기에서 말하는 코스트란 상대를 위해 소비한 돈이나 시간, 상대에게 주었던 선물이나 배려 등을 가리키는 것이며, 보수란 상대로부터 받은 선물, 만족감이나 편안함, 육체적인 유희 등을 가리킨다.

연애 관계에 있는 두 사람은 서로 상대를 위해 코스트를 지불하고 상대로부터 보수를 받는다. 두 사람의 코스트와 보수가 같으면 문제가 없지만 자기 코스트에 대한 보수의 비율과 상대의 그것을 비교했을 때 자기 쪽이 작다고 느끼는 경우가 문제이다. 즉 자기는 상대를 위해 이것저것 기를 써 가며 코스트를 지불했는데 상대로부터 얻는 보수는 그렇게 많지 않다고 느끼는 경우나, 상대는 나를 위해 특별한 코스트를 지불하지 않았는데 나에게서 많은 보수를 받았다고 느끼는 경우이다. 그 어떤 경우를 막론하고 코스트와 보수의 밸런스가 깨진 상태를 대인 심리학에서는 '불균형' 이라고 한다.

불균형적인 커플이란 두 사람의 애정 정도에 차이가 있는 커플을 말한다. 애정이 깊은 쪽은 두 사람 관계를 위해 많은 코스트를 지불한다. 애정이 약한 쪽은 코스트를 지불하려 하지 않는다. 연애 관계에서 받는 보수가 일정하다면 애정이 깊은 쪽은 시간이 경과함에 따라 불공평함이나 불만족이 쌓여 간다.

나이 차이가 많은 커플도 불균형으로 흐르기 쉽다. 가치관이나 흥미, 관심에 차이가 생기기 쉽기 때문에 이런 차이들을 뛰어넘어 관계를 유지하기 위해 노력할 필요가 있으며, 그만큼 잉여 코스트를 지불해야 하기 때문이다.

신체적인 매력 정도가 크게 차이나는 커플도 더 매력적인 사람 입장에서는 불균형적이다. 상대로부터 받는 보수가 적기 때문이다.

또한 3월에 이별이 많은 것도 코스트가 증가해 불균형이 초래되기 때문으로 분석되고 있다. 진학이나 취직을 위해 각각 헤어지게 된다. 혹은 사회인이 되어 두 사람이 서로 다른 환경에 처하게 된다. 그럼에도 관계를 유지하기 위해서는 지금보다 더 많은 코스트를 지불하게 된다. 또 두 사람의 체험이나 지식에도 차이가 많아지면서 공통된 화제가 줄어들고, 따라서 만족감을 얻기 힘들어진다. 다시 말해서 보수가 줄어드는 것이다.

불균형적인 연애 관계는 불공평함이나 불만족을 불러일으키기 쉽기 때문에 언젠가는 힘들어지게 마련이다. 사랑하면 아무 것도 보이지 않는다고들 하지만 연애 관계를 유지하기 위해서는 코스트나 보수에 눈을 돌릴 필요가 있다.

헤어진 뒤의 반응

연애 관계가 깨져 버리면 두 사람 모두 실연자가 되지만 이 두 사람이 대등하지는 않다. 한쪽은 관계를 깨버린 사람, 다시 말해서 찬 사람이고 다른 쪽은 채인 사람이다. 찼는지 채였는지는 그 후의 반응에 있어 큰 차이점을 보인다.

당연한 일이겠지만 채인 사람 쪽이 슬픔이나 후회의 감정이 깊으며, 전 애인에 대한 사모의 마음과 미련이 강하다. 뭔가에 빗대어 상대를 계속 연상하는 경향도 강하다.

채인 사람이 남성이든 여성이든 상관없이 이 같은 경향을 보이는데, 사실 채인 사람은 남성이 많다. 이별의 주도권이 여성에게 있는 것이다.

몇몇 조사 결과에서 일관되게 확인되는 것은 여성 쪽이 '내가 이별의 말을 꺼냈다' '최종적으로 이별을 결정했다' 고 생각하는 비율이 높았다. 이별의 원인에 관한 조사에서도 여성은 '내가 싫증이 났다' '독립을 원했다' 라고 답했으며 남성은 '상대가 독립을 원했다' '상대의 관심이 다른 곳으로 옮겨졌다' 라고 답했다.

따라서 헤어진 뒤의 반응에 있어서도 뚜렷한 남녀 차를 보였다. 여성은 '상대에게 환멸을 느꼈다' '자주 데이트했던 장소는 피한다' '상대가 없어서 더 좋다' 등의 질문 항목에 긍정적인 반응을 보였지만 남성은 '상대가 잘 잊혀지지 않는다' '크게 반성하고 있다'

'헤어진 것을 후회하고 있다' 등의 항목에 긍정적인 반응을 보였다. 또 여성은 실연 후에 폭식을 하거나 충동 구매를 하는 정도였지만, 남성은 폭음을 하거나 혼자 드라이브나 여행에 나서는 등 마음을 잡지 못하는 여러 가지 행동 양식을 보였다. 또 새 애인을 사귈 때에도 여성은 헤어진 남성과는 다른 스타일을 선호했지만, 남성은 헤어진 애인과 비슷한 여성을 선호하는 경향이 강했다.

남성은 잃어버린 사랑에 집착하며 전 애인에게 미련을 갖고 있기 때문에 헤어진 상대와 비슷한 상대를 찾는다. 과거에 사로잡혀 있지만 여성은 과거에서 현실로 재빨리 자리를 바꿈으로써 새로운 사랑을 찾는 것이다.

실연하고 난 뒤 미련을 주체 못하는 것은 남성들이다.

혼인 관계가 끝났을 때

이혼은 실패가 아니다

우리 나라에서도 이혼이 늘고 있다. 최근에는 오랫동안 함께 살아왔던 중년 부부들의 이혼율이 높아져 화제가 되고 있다.

왜 이혼이 늘어나고 있을까.

증가 원인의 하나로 여성의 경제적인 자립을 들 수 있다. 여성이 경제적으로 자립할 수 있는 기회가 늘어났기 때문에 이혼 후라도 얼마든지 혼자 살아갈 수 있게 되었다. 그래서 여성들은 이전처럼 불평등한 결혼 생활을 그냥 참지 않는다. 경제적 자립이라는 발판이 단단히 받쳐 주고 있기 때문에 이혼이라는 상황까지 쉽게 치닫는 것이다.

이혼을 바라보는 시선의 변화도 이혼에 박차를 가하고 있다. 이혼은 명예로운 일은 아니지만 오명은 아닌 것으로 인식되고 있다. 여성이 아무렇지도 않게 이혼했다는 말을 하는 것도 그리 드문 일은 아니다. 우리 나라 사람들도 이혼을 단순히 인생의 오점이나 실패로 생각하지 않게 된 것이다.

실제로 이혼을 실패로 받아들이는 것은 잘못이다. 고통스럽고 비참한 결혼 생활을 계속하는 것은 시간과 노력을 허비하는 일이며, 정신적으로나 육체적으로도 괴로운 일이다. 또 다른 배우자를 만날 기회를 잃는 것이기도 하다. 이혼한 사람은 그와 같은 관계에서 탈출하는 데 성공한 사람이자, 이혼하지 못하고 그와 같은 결혼 생활을 계속하는 사람은 탈출에 실패한 사람이라는 생각도 가능하다.

이혼 그 자체를 두고 성공이나 실패를 운운할 수는 없다. 이혼이 성공이었는지 실패였는지는 이혼 후에 그 사람이 어떻게 사는가로 결정되는 것이다.

이혼이 성립하기까지

사랑과 희망에 한껏 부풀어 시작되었을 결혼 생활. 이 결혼 생활을 정리하고 싶어지는 원인에는 여러 가지가 있겠지만 외도가 첫 번째 원인이라는 연구도 있다. 가치관의 차이나 대화 부족 등 심리적인 원인이 늘고 있다는 연구 보고도 있다.

그 어떤 원인이든 그 원인에서 갑자기 이혼으로 치닫는 경우는 없다. 이혼은 적어도 다음과 같은 3단계를 거쳐 이루어진다.

1단계는 '평가의 변화와 비밀' 단계이다. 그 어떤 원인이나 계기로 두 사람 중 한쪽이 상대에 대한 평가를 바꿀 때가 있다. 그때까지 긍정적으로 보아 왔던 상대의 성격이나 특징, 능력을 부정적으로 생각하게 되는 것이다. 곰보도 보조개로 보인다는 속담의 역으로, 보조개도 곰보로 보이는 현상이 일어난다. 예를 들면 넉넉한 사람, 일을 꼼꼼히 처리한다, 컴퓨터를 잘 한다고 인식되었던 것이 대충 넘어가는 사람, 일밖에 모르는 사람, 컴퓨터광으로 변하는 것이다. 애정이 식어 버린 후의 현상이다.

이와 같은 평가의 변화는 상대에게 솔직하게 전해지지 않는다.

멀리 우회해서 조심스럽게 표출된다. 사소한 일로 화를 내거나 안절부절 못 하며, 혹은 자기가 했던 일, 생각하거나 느꼈던 것을 상대에게 말하지 않게 됨으로써 어떤 비밀을 갖게 된다. 비밀스러운 은행 구좌를 갖거나 일시적인 외도 등이 이 시기에 일어난다.

2단계는 '불만의 표명'이다. 상대에 대한 불만을 서서히 토로하기 시작한다. 직접 상대에게 불평과 불만을 터뜨리게 된다. 항상 불편한 표정을 보이거나 냉정한 태도를 취하며 성행위를 거부하기도 한다. 점차 노골적으로 불만을 나타내기 시작한다. 욕을 하거나 조롱을 하기도 하며, 경우에 따라서는 폭력을 휘두르기도 한다. 두 사람 관계가 끝났음을 상대에게 인식시키는 것이 목적이다.

3단계는 '관계 정리 선언'이다. 두 사람 관계가 끝났다는 것을 공공연하게 표현하는 단계이다. 한쪽이 이미 우리 관계는 회복 불가능하다는 신념을 표명하며, 이를 상대에게 납득시키려고 한다. 이를 위해 일부러 비밀을 고백하는 경우도 있다. 점차 말다툼이 심해지면서 쌍방이 폭력을 행사하는 일도 있다. 친구나 부모 등 제3자에게 자신들의 관계가 끝났다는 사실을 떠벌린다. 별거나 본격적인 외도, 다른 상대와의 관계가 시작되기도 한다.

이로써 이혼이 이루어진다. 단, 여기에서 성립되는 것은 '정서적 이혼'이라는 이혼이다. 이후의 법적 이혼이 성립되기까지는 재산이나 양육권에 관한 번잡한 절차, 아이에 대한 고민, 경제적인 문제, 사회적인 신용이나 체면의 손상 같은 여러 가지 장애가 기다리고 있다. 결혼 생활이 길었다면 그때까지 온힘을 쏟았던 시간이나 돈, 정신적인 에너지의 크기가 법적인 이혼을 망설이게 한다. 그 때문에 정서적인 이혼은 하더라도 법적인 이혼을 단념한 채 가정 내 이혼으로 무마해 버리는 커플도 있다.

그러나 개중에는 다행스럽게도 법적인 이혼을 망설이는 중에 관계가 개선되는 커플도 있다.

이혼이 남기는 마음의 상처

두 사람 중 한쪽은 상대로부터의 '관계 정리 선언' 단계에서 이미 큰 상처를 입는다. 상대가 이혼하고 싶어한다는 것을 알리면 자기 존재를 부정하는 것으로 생각하기 때문이다. 존엄성이 위협받고 자존심이 구겨진다. 쇼크를 받은 나머지 현실을 부정하거나 상대에게 자기를 거부하는 이유에 대해 다그쳐 묻는다. 분노를 폭발시켜 상대나 자기 자신의 육체에 해를 끼치는 경우도 있다. 버려졌다는 생각 때문에 굴욕감이나 무력감에 빠져드는 경우도 있다.

실제로 법적인 이혼이 성립된 뒤에는 상실감을 맛보게 된다. 정신적인 지주나 안도감과 만족감을 상실하고 경제적·물리적 지원처를 잃었기 때문이다. 결혼에 이르기까지, 그리고 결혼 생활을 하는 동안 애써 노력해 왔던 것들이 무위로 끝났다는 상실감에 힘들어한다.

결혼과 심신의 관계를 조사한 연구에 따르면, 이혼 후 병에 걸리거나 상처를 입을 위험성이 높았다. 정서적인 장애(이에 준하는 굴욕감, 무력감, 불안, 우울증 등) 증상이 나타나는 정도가 높았으며, 교통 사고의 가해자 내지 피해자가 될 가능성도 높았다. 또 알코올

중독, 자살 모두 높은 관련성을 나타냈다.

이와 같은 결과가 나타나는 것은 이혼이 경제적 궁핍이나 일할 필요성(대부분 여성), 아이의 양육, 성적인 불만족, 수치심이나 고독감 등의 문제를 새로이 낳게 됨으로써 이것이 큰 스트레스가 되어 마음과 몸을 공격해 오기 때문이다.

이혼에 대한 주위의 시선이 바뀌고는 있지만 그래도 이혼자, 특히 여성에 대한 시선에는 아직도 편견이 남아 있다.

이혼으로 인해 상처를 입는 것은 이혼 당한 사람만이 아니다. 두 사람 사이의 아이들은 크고 작은 마음의 상처를 입는다. 가령 부모로서는 성공적인 이혼이었다 하더라도 그들은 언제나 이혼의 피해자로 남는다.

또한 이혼 이야기를 꺼낸 쪽도 상실감이나 비애감, 상대에 대한 죄책감을 맛보기도 한다. 이혼하자고 한 쪽은 정서적인 이혼의 프로세스에 있어서 어느 정도는 이혼 후의 자기 모습을 상상하고 있기 때문에 법적인 이혼이 성립된 뒤의 회복 속도가 빠르다. 재혼하는 비율도 높다. 단, 재혼이 이혼에 이르는 비율은 초혼보다 높다는 데이터도 있다.

죽음이 두 사람을 갈라놓았을 때

사별의 충격

아내나 남편, 부모님이나 형제, 자녀들이나 손자, 애인이나 친구. 이처럼 친한 관계에 있던 사람이 죽는 것만큼 충격적인 일은 없다. 사별의 충격은 누가(예를 들면 연로한 부모님인지, 연애하던 애인인지), 어떻게 사망했는지(예를 들면 병사인지, 사고사인지)에 따라 달라진다. 본인과 상대방이 얼마나 오래된 관계였는지, 얼마나 끈끈한 관계였는지에 따라서도 다르다. 사별의 충격은 개개인에 따라 강도나 내용에 있어 전혀 다른 것이다.

하지만 친밀한 사람과의 사별은 특별한 사건이 아닌 것도 사실이다. 대개의 사람들이, 특히 노년층이라면 언젠가는 겪어야 할 '자주 벌어지는' 사건이다. 이 때문에 사별의 충격은 개별적이면서도 일정한 공통점을 가지고 있다.

공통되는 최초의 반응은 패닉(panic) 상태와 감각 마비이다. 말도 안 되는 일이 일어났다는 충격과 함께 아무 것도 느껴지지 않는다. 뭔가 빨리 해야 한다는 강박 관념에 시달리며 모든 것이 꿈속에서 벌어지는 일처럼 느껴지는 비현실감이나 사실을 부정하고 싶은 충격, 발이 땅에 닿지 않는 것 같은 부유감, 몸에서 힘이 다 빠져나가는 듯한 감각 등에 휩싸인다.

슬픔은 그 뒤에 찾아온다. 고인에 대한 사모의 정이 쌓이고, 생전의 관계에 대하여 후회와 자기 긍정이 교대로 엄습해 온다. 무력감이나 절망감도 용솟음친다. 경우에 따라서는 자기도 죽고 싶다는 생각에 사로잡히기도 한다.

이와 같은 생각은 장례식도 다 끝난 후 주위 사람들이 보통 생활로 돌아갈 무렵부터 더 강해진다. 본격적인 슬픔에 사로잡히는 것이다. 고독감, 공허감, 적막감이 밀려들어 우울 상태에 빠진다. 아무 것도 하고 싶지 않은 무력감이 계속된다. 눈물이 하염없이 흐른다. 사람을 만나는 것도 싫어져 집에 틀어박히게 된다. 움직임이 느려지고 식욕이나 성욕이 없어지는가 하면, 잠을 잘 못 자며 한밤중에 깨는 일도 많아진다.

이상은 말하자면 상식적인 애도 반응이다. 의외의 반응이지만 분노를 느끼는 경우도 있다. 자기만 남겨 두고 자기 마음대로 먼저 갔다거나, 나를 이렇게 슬프게 만들다니 용서할 수 없다는 등 고인에 대한 분노, 나만 왜 이런 일을 당해야 하는지, 어째서 모두들 아무 일도 없었던 것 같은 얼굴로 오늘도 잘 먹고 잘 살고 있느냐 하는, 세상이나 운명에 대한 분노를 터뜨리는 사람도 있다.

회고하며 다시 해석한다

사별의 충격은 얼마나 계속될까. 몇 주일, 몇 개월, 몇 년일지는 사람에 따라 따르지만 공통된 점은 사별의 충격으로 심신 기능이 모두 저하된다는 점이다. 이것은 사별이라는 체험을 온몸으로 느끼고 체험하기 위한 귀중한 시간이 된다.

그러나 개중에는 사별의 충격에서 벗어나지 못해 병적인 상태로 치닫거나 문자 그대로 치명적인 상태로 악화되는 사람도 있다.

예를 들면 반려자를 잃은 사람의 1년 이내 사망자 수는 그렇지 않은 사람보다 높다는 사실이 각종 데이터에서 증명되고 있다. 특히 아내를 먼저 떠나 보낸 남성에게 이런 경향이 강하며, 35세부터 44세까지는 4.5배에 달한다는 데이터도 있다. 또 반려자를 잃은 사람의 자살률도 사별 후 반년 이내가 가장 높았다.

치명적인 상황에 빠지지 않기 위해서, 또 일상적인 일과 사회 생활로 복귀하기 위해서는 사별의 충격을 이겨내고 마음의 상처를 다독일 수 있는 방법이 요구된다.

심리학자가 권하는 가장 효과적인 방법은 자주 생각하고, 다시 해석하는 것이다.

고인에 대해 이것저것 생각하는 것은 괴로운 일이다. 그래서 보통은 잘 생각하지 않으려고 한다. 주위 사람들도 빨리 잊는 것이 좋다는 식으로 위로해 준다.

그렇지만 억지로 잊으려고 하지 않아도 된다. 애초부터 우리에게는 기억이라는 것이 있다. 죽은 사람을 마음속에서 그리 쉽게 지울 수는 없다. 고인이 생각나면 여기에 거스르지 말고 생각하면 된다. 추억과 함께 괴로움과 슬픔도 교차하지만 이것도 억누르려고 하지 말고 자연스러운 감정에 몸을 맡긴다. 그리고 고인과 나의 '그 때' 일을 떠올리며 이것저것 다시 해석해 보는 것이다. '왜 그 때 그 사람은 그런 말을 했을까' '왜 나는 그런 반응을 보이고 말았을까' 하고 스스로 묻고 대답하는 것이다.

해석은 틀려도 상관없다. 사실이 다소 왜곡되거나 모순이 있더라도 상관없다. 또 해석도 꼭 한 가지일 필요는 없다. 'A라는 해석도 가능하지만 B라는 해석도 얼마든지 가능하다' 라는 생각으로 여러 가지 경우의 수를 생각해 본다. 이것 자체가 미래를 위한 중요한 준비가 될 수 있기 때문이다.

잊으려고 하면 오히려 사별의 기억은 더 생생하게 남지만 이렇게 여러 번 생각하고 여러 번 해석함으로써 자연스럽고 익숙해진다. 이와 함께 슬픔이나 고통이 줄어들고 무력감에서 벗어남으로써 자기 통제력이 강화된다. 자기로서는 어쩔 수 없는 일로만 느껴지던 사별이라는 충격적인 사건이 자기 마음속에서 진정되고 있는 것이다.

남에게 털어놓는다

또 한 가지 방법은 자기가 겪었던 사별의 충격에 대해, 또 고인에 대한 추억이나 앞에 얘기했던 '해석' 에 대해 다른 사람에게 말하는 것이다.

남들에게 얘기하려면 이야기의 순서나 구성을 생각해야 하며, 그것이 사별의 충격이나 여러 감정에 이성적인 컨트롤을 가하게 된다 ('마음의 문을 여는 방법' 을 참조할 것). 또 누군가 내 얘기를 들어 준다는 생각에 자기는 혼자가 아니라는 사실을 느낀다. 또 얘기를 하면서 자기가 앞으로 어떻게 하면 좋을지에 대한 답을 찾을 때도 있다.

그러나 이야기 상대는 신중하게 선택해야 한다. 신중하지 않게 위로의 말을 바로 입밖으로 내는 사람은 안 된다. 그렇다고 해서 이쪽 이야기를 너무 심각하게 받아들여 함께 우울해지는 사람도 좋지 않다. 쓸데없는 조언이나 해석을 가하지 않고 이쪽 이야기를 진지하게 들어주는 사람이 좋다.

친구가 있는 사람은 행복하다. 그 친구에게 자기 속마음을 진솔하게 털어놓을 수 있다면 마음이 진정되어 사별의 충격에서 쉽게 벗어날 수 있다.

사별을 자연스럽게 받아들이면서도 거기에 연연해하지는 않으며, 자신의 새 인생을 당당히 걸어갈 수 있어야 한다.

역자후기

인간 관계는 반(反)상식을 따르라

   인간 관계 때문에 울고 웃었던 경험은 누구에게나 있을 것이다. 하지만 좋았던 경험보다는 괴롭고 쓰라렸던 적이 더 많은 것이 사실이다. 왜 그럴까. 인간 관계에 미숙하기 때문이다. 우리 나라 사람들은 1차적인 관계, 즉 정적인 관계에 있어서는 매우 끈끈한 관계를 유지하지만 2차적인 관계, 즉 이해 관계가 얽혀 있는 사회적인 관계에 있어서는 아주 미숙하며 바로 여기에서 쓰라린 경험을 많이 하게 된다.

   2차적인 인간 관계에는 소위 상식이라는 것이 바탕을 이룬다. 남자는 이래야 하고, 연장자에게는 저렇게 대해야 하며, 제3자와 만났을 때에는 이렇게 해야 한다는 등등……. 그리고 그 상식에 맞지 않는 행동을 하게 되면 비난을 하며, 자기는 최대한 상식에 따르려 노력한다.

   하지만 상식에 맞추어 행동한다고 해서 모든 인간 관계가 원만해지는 것은 아니다. 다른 국면에서도 그렇겠지만 특히 인간 관계에 있어서는 세간의 상식이 그대로 적용되지 않는 경우가 많다. 상식이 그대로 통용된다면 인간 관계의 어려움을 호소하는 사람들이 이렇게 많을 수는 없을 것이다. 그것은 상식 자체가 잘못 알려진 경우도 있고, 상식을 학습하는 과정에서의 오류, 사회의 변화에 따라 상식 자체가 전도되는 양상 때문이다. 따라서 시대를 막론하고 상식과 비상식, 반상식 사이에는 일정한 교통이 있게 마련이며, 상식적인 것만이 정상이라는 잘못된 상식에서는 벗어나야 할 것이다.

이 책은 이렇게 잘못 알려진 상식과 인간 관계에 관한 사실을, 어려운 심리학적 용어의 해설보다는 실제의 심리학적인 조사 분석 데이터를 통해 하나하나 자상하게 설명하고 있다. 따라서 심리학자가 아닌 일반인들이 읽더라도 쉽고 재미있게 이해할 수 있는 장점이 있다. 이 책을 통해 우리의 행동을 뒷받침하는 심리학적인 근거를 하나하나 알아 가는 즐거움을 만끽하기 바란다.

2003년 1월

주 혜 란

지은이

아이카와 아쓰시(相川 充)

도쿄 가쿠게이 대학 교육학부 조교수로서 1955년 군마현에서 출생했다. 히로시마 대학교 대학원 교육학 연구과정 박사과정을 수료하였고, 실험과 조사를 통해 도출된 데이터로 인간 관계의 법칙성을 분석하는 '대인 심리학' 전문가이다. 저서로는 〈사람을 사귀는 기술〉, 〈이익과 코스트의 인간학〉 등이 있다.

감 수

조 재 현

연세대학교 교육학과와 언론홍보대학원을 졸업하고 서강대학교 경영대학원을 수료했다. 미국 펜실베니아와 콜로라도 대학교에서 Wharton School과 Economic Institute를 수료했다. 공군대학교 교수, 삼성생명 교육과장과 지점장, 삼성인력개발원 교수, 경영교육팀장, Edu-tra 컨설팅 소장을 지냈다. 현재는 (주)대양이앤씨 총괄이사로 있다.

번 역

주 혜 란

1964년 서울에서 태어났다. 상명대학교 일어교육과를 졸업하고 중앙대학교 신문방송대학원에서 출판을 공부했다. 오랫동안 출판사에 근무하면서 출판기획과 편집 일을 해 왔다. 2000년 일본으로 건너가 번역 공부를 하고 돌아와 지금은 일본의 좋은 책을 소개하는 데 즐거움과 보람을 느끼고 있다.